乡村振兴·高素质农民培育系列丛书

农村创业带头人手册

宋荣华　王冀涛　侯　超　主编

内蒙古科学技术出版社

图书在版编目（CIP）数据

农村创业带头人手册 / 宋荣华，王冀涛，侯超主编．赤峰：内蒙古科学技术出版社，2024. 6. --（乡村振兴 · 高素质农民培育系列丛书）. -- ISBN 978-7-5380-3694-7

Ⅰ. F249.214-62

中国国家版本馆 CIP 数据核字第 2024H3U106 号

农村创业带头人手册

主　　编：宋荣华　王冀涛　侯　超
责任编辑：张继武
封面设计：光　旭
出版发行：内蒙古科学技术出版社
地　　址：赤峰市红山区哈达街南一段4号
邮购电话：0476-5888970
印　　刷：涿州汇美亿浓印刷有限公司
字　　数：125千
开　　本：710mm×1000mm　1/16
印　　张：8
版　　次：2024年6月第1版
印　　次：2024年6月第1次印刷
书　　号：ISBN 978-7-5380-3694-7
定　　价：32.80元

如有印装质量问题，请与我社联系。电话：0476-5888926　5888917

《农村创业带头人手册》

编 委 会

成为先进人才
为农业高质量发展
注入活力
码上学习
案例精选库
农村创业优秀带头人经验汲取
热点广播台
第一时间把握农村创业政策动向
口袋电子书
随时随地开启农业创业智慧学习
创业实训营
财务管理、团队组建、品牌打造、系统学习集中进修

前言

PREFACE

《农村创业带头人手册》作为一本紧贴国家乡村振兴战略、聚焦农村产业发展与创业创新实践的手册，旨在成为每一位立志投身农村、引领乡村经济转型升级的创业领航者的智慧锦囊和行动指南。

全书分七章，即农村创业创新概述、乡村振兴与创业带头人、农村创业政策、农村创业准备、产业化经营管理、农产品市场营销、可持续发展。为有效提高农村创业创新带头人的综合素质和生产经营能力，强化教育培训基础支撑，辅导农村创业者解决政策理论、创业准备、生产经营和发展过程中遇到的问题和困难，本书围绕基本知识、创业准备、经营管理、市场营销、可持续发展等与农村创业方面紧密相关的内容，以及强农惠农富农相关政策做了介绍。既面向正在路上的农村创业实践者，也服务于有志投身乡村振兴事业的各界人士。希望广大读者在阅读与实践中不断汲取智慧，勇担重任，为推动我国农村经济社会全面进步，实现农业农村现代化贡献智慧与力量。

由于时间仓促，加之编者水平和能力的限制，书中难免存在错误或缺点，诚望广大读者批评指正。

编　者

2024 年 2 月

目 录
CONTENTS

第一章

农村创业创新概述

口袋电子书
热点广播台
案例精选库
创业实训营

跟"码上"查看

第一节　农村创业创新带头人概述

一　农村创业创新带头人概念

农村创业创新带头人是指在农村地区积极开展创业创新活动，以勇气和智慧开拓农村新天地，为农村发展注入新活力，带动农村经济发展和农民增收的个人或群体。

创新意识：农村创业创新带头人具有敏锐的市场洞察力和创新意识，能够挖掘农村的潜在商机，开发出具有竞争力的产品或服务。

创业精神：农村创业创新带头人勇于尝试，敢于冒险，具备坚定的创业信念和不屈不挠的精神，能够在面临困难和挫折时坚持不懈。

领导力：农村创业创新带头人具有较强的组织能力和领导才能，能够带领团队共同实现创业目标。

社会责任感：农村创业创新带头人关注农村发展和农民福祉，通过创业创新活动，带动农民就业，促进农村经济繁荣发展。

学习能力：农村创业创新带头人能够不断学习新知识、新技术，提升自身素质和能力，以适应市场变化和企业发展的需求。

农村创业创新带头人在推动农村经济发展、促进农民增收、实现乡村振兴中发挥着重要作用。政府和社会应该为他们提供更多的支持和帮助，营造良好的创业创新环境，激发更多的农村创业创新活力。

二　农村创业创新带头人的类型

1.家庭农场致富带头人

家庭农场致富带头人是指在农村地区通过科学种植、养殖和经营，取得显著经济效益，并能够带动周边农户共同致富的个体或组织负责人。

特 点

- **经济实力较强**：家庭农场致富带头人通常具有较好的经济基础和稳定的收入来源，能够通过家庭农场的经营活动实现较高的年均经营收入。
- **带动能力显著**：这些带头人不仅自身经营成功，还能够通过技术指导、资源共享、市场开拓等方式，带动周边农户共同发展，提升他们的收入水平。
- **创新经营模式**：家庭农场致富带头人往往能够根据市场需求和资源条件，创新经营模式，如发展种养结合、生态循环农业、休闲农业等多元化经营方式。
- **示范引领作用**：他们在当地的农业发展中起到示范和引领作用，通过创建示范家庭农场，推广先进的农业技术和管理经验，提高整个地区的农业竞争力和发展水平。
- **政策和技术支持**：家庭农场致富带头人通常能够获得政府的政策支持和技术指导，包括创业指导、金融信贷、农业保险等方面的配套服务，这些支持有助于他们更好地发展家庭农场，提升带动能力。

2.农民合作组织类致富带头人

农民合作组织类致富带头人是指在农民合作社等农业合作组织中发挥关键作用的领导者或创办者，他们通过组织和带领农民群众共同参与农业生产和经营活动，实现共同致富的目标。

特 点

- **组织领导能力**：他们能够有效地组织和管理农民合作社，确保合作社的顺利运作和成员的利益最大化。
- **创新和创业精神**：致富带头人通常具有创新思维和创业精神，能够引入新的生产技术和管理方法，提高农业生产效率和产品质量。
- **市场开拓能力**：他们能够根据市场需求，调整生产结构，开发新产品，拓展销售渠道，提升合作社的市场竞争力。
- **社会责任感**：致富带头人不仅关注个人和合作社的利益，还关心社区发展和农民群众的福祉，致力于通过合作社带动周边农户共同发展。

3.农业企业类致富带头人

农业企业类致富带头人是指在农业企业中担任关键领导角色的个体，他们通过创新管理、先进技术应用、市场开拓等手段，引领企业实现良好的经济效益和社会效益，带动农民增收和农业产业发展。

特点

- **创新精神**：他们通常具有强烈的创新意识，不断引入新技术、新理念，推动企业转型升级。
- **市场洞察力**：能够准确把握市场需求，调整企业经营策略，开拓新的销售渠道和市场。
- **管理能力**：具备良好的企业管理能力，能够高效组织生产、优化资源配置、提升企业竞争力。
- **社会责任感**：注重企业的社会影响，积极参与乡村振兴和社会公益事业，带动周边农户共同发展。

4.农业社会化服务及其他类致富带头人

农业社会化服务及其他类致富带头人是指在农业生产过程中提供专业化、社会化服务的个体或组织，以及在其他领域通过创新和创业活动带动农村经济发展和农民增收的带头人。这些带头人通过提供技术指导、市场信息、金融服务等多元化服务，帮助农民提高生产效率，降低生产成本，增强市场竞争力，从而促进农业现代化和乡村振兴。

特点

- **专业化服务能力**：这类带头人通常具备专业的农业知识和技能，能够为农民提供种植、养殖、加工等方面的专业服务。
- **创新精神**：他们往往具有创新思维，能够引入新的服务模式和技术，提高服务效率和质量。
- **市场导向**：关注市场需求变化，为农民提供市场信息，帮助他们调整生产结构，优化产品结构，提高产品附加值。
- **社会责任感**：注重服务的社会效应，通过提供服务带动农民增收，促进农村经济社会发展，实现共同富裕。

第二节 农村创业创新的意义

农村创业创新对于推动农村经济发展、改善农民生活水平、促进城乡统筹发展具有重要意义。

一 促进经济增长和就业机会

农村创业创新可以带动当地经济的发展，创造更多的就业机会。通过发展特色农业、乡村旅游、农产品深加工等产业，可以吸引更多的劳动力留在农村，减少城乡差距，提高农村居民的收入水平。

二 提高农民收入水平

农村创业创新有助于拓宽农民的就业渠道，提高农民收入。通过发展农村电商、农产品加工、农村金融服务等产业，帮助农民实现多元化收入，改善生活水平。

三 激发农村活力和创新能力

农村创业创新有助于激发农村地区的活力和创造力。通过引入新技术、新理念和新模式，可以提高农业生产效率，推动传统农业向现代农业转变，增强农村地区的自我发展能力。

四 优化农业产业结构

农村创业创新可以促进农业产业结构的优化升级。通过发展多元化的农业经营模式，如种养结合、农业与休闲旅游结合等，可以实现农业产业链的延伸和价值链的提升，增加农产品的附加值。

五 保护和改善农村生态环境

农村创业创新往往伴随着对生态环境的重视和保护。通过推广绿色农业、生态农业等可持续发展模式，可以有效保护和改善农村生态环境，实现农业生产与环境保护的双赢。

六 促进农村社会和谐稳定

农村创业创新有助于提升农村地区的社会服务水平和居民生活质量，增强农村社区的凝聚力和向心力。通过创业创新，可以改善农村基础设施，提高公共服务水平，促进农村社会的和谐稳定。

七 推动农业现代化和乡村振兴战略实施

农村创业创新是推动农业现代化和乡村振兴战略实施的重要途径。通过创新驱动，可以加快农业科技进步，提高农业生产的智能化、精准化水平，为乡村振兴提供强有力的科技支撑。

八 传承和发扬农村文化

农村创业创新有助于保护和传承农村传统文化，发展乡村旅游、手工艺品等文化产业。通过挖掘农村文化资源，提高农村文化软实力，为农村发展注入新的活力。

第三节 乡村振兴与农村创业创新

一 乡村振兴战略的目标

乡村振兴战略的目标是全面提升农业发展质量，培育乡村发展新动能，推进乡村绿色发展，打造人与自然和谐共生的发展新格局，繁荣兴盛农村文化，构建乡村治理新体系，提高农村民生保障水平，塑造美丽乡村新风貌，增强贫困群众获得感。

二 乡村振兴战略的远景

到 2035 年，乡村振兴取得决定性进展，农业农村现代化基本实现。农业结构得到根本性改善，农民就业质量显著提高，相对贫困进一步缓解，共同富裕迈出坚实步伐；城乡基本公共服务均等化基本实现，城乡融合发展体制机制更加完善；乡风文明达到新高度，乡村治理体系更加完善；农村生态环境根本好转，美丽宜居乡村基本实现。到2050年，乡村全面振兴，农业强、农村美、农民富全面实现。主要包括以下几个方面：

产业兴旺

发展多种形式的规模经营，提升农业产业链、价值链，实现一二三产业融合发展，增强农业竞争力和增加农民收入。

生态宜居

坚持绿色发展，推进生态文明建设，加强农村环境保护和治理，提升农村人居环境质量，构建美丽乡村。

乡风文明

弘扬中华优秀传统文化，提升农村文化软实力，加强农村思想道德建设和公共文化服务，促进乡村文化繁荣发展。

治理有效

完善乡村治理体系，推进村民自治、法治乡村建设，提高乡村治理效能，维护农村社会稳定和谐。

生活富裕

拓宽农民增收渠道，提高农民生活质量，加强农村社会保障体系建设，促进农民共享发展成果，实现共同富裕。

城乡融合发展

推动城乡基础设施互联互通，促进资源要素在城乡间均衡配置，提高农村地区的吸引力和承载力，缩小城乡差距。

人才支撑

培育新型职业农民，加强农村专业人才队伍建设，鼓励社会人才投身乡村建设，为乡村振兴提供人才保障。

农业农村现代化

实现农业的高质量发展和农村地区的全面发展，使农业成为有竞争力的产业，农村成为宜居、宜业的美好家园。

这些远景谋划旨在全面提升农业农村现代化水平，实现农业强、农村美、农民富的目标，推动乡村全面振兴和可持续发展。

三 乡村振兴战略带来了发展机遇

乡村振兴战略为农村创业带来了前所未有的发展机遇，为农村创业提供了广阔的发展空间和机遇，有助于推动农村经济的多元化和可持续发展。

政策扶持

政府出台了一系列扶持农村创业的政策，包括财政补贴、税收减免、金融贷款优惠等，降低了农村创业的门槛和成本，提高了创业者的积极性。

产业升级

乡村振兴战略鼓励发展现代农业、乡村旅游、特色农产品加工等产业，为农村创业者提供了新的商业模式和增长点。

基础设施改善

随着基础设施的完善，如交通、通信、物流等，农村创业的运营环境得到改善，为创业者提供了更好的外部条件。

人才回流

乡村振兴战略的实施吸引了大量农民工和高校毕业生回乡创业，为农村创业注入了新的活力和创新能力。

市场潜力

农村地区拥有丰富的自然资源和文化遗产，发展特色农业、乡村旅游、传统手工艺等产业具有巨大的市场潜力。

科技创新

政府鼓励科技创新和应用，如智能农业、电子商务等，为农村创业提供了新的技术支持和发展空间。

生态环境保护

乡村振兴战略强调绿色发展，鼓励发展循环农业、生态农业，为农村创业者提供了发展绿色产业的机遇。

社会资本投入

随着乡村振兴战略的推进，越来越多的社会资本开始关注农村市场，为农村创业提供了资金支持和合作机会。

文化传承与创新

乡村振兴战略注重保护和传承农村文化，鼓励发展文化产业，为农村创业者提供了展示和传播本土文化的平台。

农村改革深化

土地制度、集体产权制度等改革为农村创业提供了更多的资源和机会，激发了农村地区的经济活力。

第二章

乡村振兴与创业带头人

第一节 农村创业带头人在乡村振兴中的作用

农村创业带头人在乡村振兴中扮演着至关重要的角色，带头作用主要体现在以下几个方面：

创新引领

创业带头人通常具有创新思维和敢为人先的精神，他们能够引入新技术、新理念、新模式，推动当地传统产业的转型升级，带动农村经济创新发展。

产业带动

通过成功创办企业或合作社，创业带头人可以直接带动当地产业发展，创造就业机会，提高农民收入，促进地方经济增长。

资源整合

创业带头人往往能够有效整合当地资源，包括土地、劳动力、资本等，通过优化资源配置，提高生产效率和经济效益。

知识传授

创业带头人通过自己的成功经验，可以向其他农户传授创业知识、管理技能和市场信息，提高农民的创业意识和能力。

文化传承

创业带头人在发展产业的同时，注重保护和传承地方文化，通过发展文化产业或将文化元素融入产品中，增强乡村文化自信。

生态保护

积极倡导和实践绿色发展理念，创业带头人在发展产业的过程中注重生态环境保护，推动可持续发展。

社会影响

创业带头人的成功案例能够激励和鼓舞更多的农村居民参与到创业活动中来，形成良好的创业氛围，促进社会和谐稳定。

政策倡导

作为乡村发展的积极参与者和受益者，创业带头人能够向政府反映农民需求，参与政策制定，推动更多利农政策的出台。

组织协调

创业带头人往往在乡村社会中具有一定的影响力，能够组织和协调村民共同参与乡村振兴项目，提高项目执行效率。

示范效应

创业带头人的成功往往具有示范效应，能够吸引外部投资，引导更多的人才和资源向乡村集聚，形成良性循环。

总之，创业带头人在乡村振兴中起到了桥梁和纽带的作用，他们的带头作用能够有效促进乡村经济的发展，提升乡村社会的整体活力，是乡村振兴战略实施的重要力量。

第二节　农村创业带头人的认定

（以《关于推介第三批全国农村创新创业优秀带头人典型案例的函》为例介绍）

一　推介条件

1.基本条件

农村创业创新优秀带头人以返乡入乡创业创新农民工、中高等院校毕业生、退役军人、科技人员和在乡创业创新人员为主，且符合如下基本条件：

（1）爱国守法，自觉践行社会主义核心价值观；爱农业，有文化，懂技术，会经营，善管理。

（2）在农村新产业、新业态、新模式发展上取得突出成绩，特别是在转型发展、绿色发展、高效发展上成绩显著。

（3）做给农民看，带着农民干，帮着农民赚，有效吸纳或促进了当地农民就业创业增收。

（4）未发生过严重违法、违规、违纪事件和重大安全事故。

2.具体条件

农村创业创新优秀带头人及其创办的经济实体主要分为三类，具体条件如下：

创办家庭农场人员或种养大户

需有先进的种养技术，是当地种养能手。

生产经营或销售方面有创新或有独到之处，经济效益较好。生产的农产品达到农产品质量安全要求，获得“三品一标”认证的优先考虑。

创办、领办各类农民合作社人员

需是省级以上农民合作社示范社创办人或主要负责人。

合作社有健全的规章制度和财务制度，管理规范透明，在当地有很好的口碑。在生产技术、经营管理、品牌建设、产品营销等方面有所创新或有独到之处。

加入合作社的农户（农民）数量较多，增收效果明显，成员收入高于当地农民人均纯收入10%以上。

创办农村一二三产业的企业或服务组织人员

需是创办现代种养业、乡土特色产业、农产品加工流通业、休闲农业与乡村旅游、乡村服务业、农村电商等企业或服务组织的创办人或主要负责人。

企业或服务组织在产品创新、技术创新、业态创新、组织创新、机制创新、服务创新等方面有重要突破。

企业或服务组织在生产经营、节能环保、营销方式、益农信息服务等方面有重大创新或成功应用数量较大的微创新，与同行业相比市场竞争力较强，经济效益较好，50%以上的员工为农民或农民工。

持有发明专利，获得地市级以上新产品、新技术、新工艺、新装备等奖励，获得地市级以上创业创新大赛奖励者优先推荐。

二 推介程序

全国农村创业创新优秀带头人推介工作采取自下而上申报方式开展，各省、自治区、直辖市推荐人数不超过 4 人，计划单列市、新疆生产建设兵团不超过 2 人。

个人申报 → 农村创业创新优秀带头人本人填写《第三批全国农村创业创新优秀带头人典型案例申报表》（附件 1），并提供 1 张证件照及 3~4 张工作照电子版，逐级报送地市级、省级农业农村主管部门核准。

↓

省级推荐 → 省级农业农村主管部门按照规范程序，遴选、审核申报材料后，填写《第三批全国农村创业创新优秀带头人典型案例推荐表》（附件 2）。

↓

部级审核 → 农业农村部组织专家对各省（区、市）推荐的优秀带头人申报材料进行审核，并将结果正式公布。

第三节 农村创业带头人必备素养

农村创业带头人作为推动农业创新发展和乡村振兴的关键力量，需要具备一系列的素养和能力。

1.创新意识

具备创新思维，能够不断探索新的农业技术和管理模式，适应市场变化，引领农业产业升级。

2.市场洞察力

能够准确把握市场需求，对农产品市场有敏锐的洞察力，有效进行市场定位和产品营销。

3.专业知识

具备农业相关的专业知识，包括农业生产、农业科技、农业经济等，以科学的方法指导农业生产和经营。

4.管理能力

具备良好的组织管理能力和团队领导能力，能够有效地管理农业生产和企业运营。

5.风险控制

了解农业生产的风险因素，具备风险评估和控制能力，能够制定应对策略，确保企业稳健发展。

6.法律意识

遵守国家法律法规，诚信经营，保护知识产权，确保企业合法合规运作。

7.社会责任

具有强烈的社会责任感，注重农业可持续发展，关心农村社会和生态环境，积极参与社会公益活动。

8.学习能力

具备持续学习的能力，跟踪最新的农业科技动态和市场信息，不断提升自身素质。

9.沟通协调

具备良好的沟通协调能力，能够与政府、农户、供应商、客户等各方有效沟通，建立良好的合作关系。

10.资源整合

能够有效整合土地、资金、技术、人才等资源，提高资源利用效率，增强企业的竞争力。

11.国际视野

具备国际视野，能够学习和引进国外的先进农业技术和管理经验，提升本地农业的国际竞争力。

农业创业带头人作为农业创业的引领者，其素养和能力的高低直接影响到农业企业的发展和乡村振兴的进程。因此，不断提升自身素养，是每个农业创业带头人的重要任务。

第三章

农村创业政策

口袋电子书
热点广播台
案例精选库
创业实训营

眼"码上"查看

第一节 支持返乡下乡人员创业

国务院办公厅关于支持返乡下乡人员创业创新促进农村一二三产业融合发展的意见

国办发〔2016〕84号

各省、自治区、直辖市人民政府，国务院各部委、各直属机构：

近年来，随着大众创业、万众创新的深入推进，越来越多的农民工、中高等院校毕业生、退役士兵和科技人员等返乡下乡人员到农村创业创新，为推进农业供给侧结构性改革、活跃农村经济发挥了重要作用。返乡下乡人员创业创新，有利于将现代科技、生产方式和经营理念引入农业，提高农业质量效益和竞争力；有利于发展新产业新业态新模式，推动农村一二三产业融合发展；有利于激活各类城乡生产资源要素，促进农民就业增收。在《国务院办公厅关于支持农民工等人员返乡创业的意见》（国办发〔2015〕47号）和《国务院办公厅关于推进农村一二三产业融合发展的指导意见》（国办发〔2015〕93号）的基础上，为进一步细化和完善扶持政策措施，鼓励和支持返乡下乡人员创业创新，经国务院同意，现提出如下意见。

一、重点领域和发展方向

（一）突出重点领域。鼓励和引导返乡下乡人员结合自身优势和特长，根据市场需求和当地资源禀赋，利用新理念、新技术和新渠道，开发农业农村资源，发展优势特色产业，繁荣农村经济。重点发展规模种养业、特色农业、设施农业、林下经济、庭院经济等农业生产经营模式，烘干、贮藏、保鲜、净化、分等分级、包装等农产品加工业，农资配送、耕地修复治理、病虫害防治、农机作业服务、农产品流通、农业废弃物处理、农业信息咨询等生产性服务业，休闲农业和乡村旅游、民族风情旅游、传统手工艺、文化创意、养生养老、中央厨房、农村绿化美化、农村物业管理等生活性服务业，以及其他新产业新业态新模式。

（二）丰富创业创新方式。鼓励和引导返乡下乡人员按照法律法规和政策规定，通过承包、租赁、入股、合作等多种形式，创办领办家庭农场林场、农民合作社、农业企业、农业社会化服务组织等新型农业经营主体。通过聘用管理技术人才组建创业团队，与其他经营主体合作组建现代企业、企业集团或产业联盟，共同开辟创业空间。通过发展农村电商平台，利用互联网思维和技术，实施“互联网+”现代农业行动，开展网上创业。通过发展合作制、股份合作制、股份制等形式，培育产权清晰、利益共享、机制灵活的创业创新共同体。

（三）推进农村产业融合。鼓励和引导返乡下乡人员按照全产业链、全价值链的现代产业组织方式开展创业创新，建立合理稳定的利益联结机制，推进农村一二三产业融合发展，让农民分享二三产业增值收益。以农牧（农林、农渔）结合、循环发展为导向，发展优质高效绿色农业。实行产加销一体化运作，延长农业产业链条。推进农业与旅游、教育、文化、健康养老等产业深度融合，提升农业价值链。引导返乡下乡人员创业创新向特色小城镇和产业园区等集中，培育产业集群和产业融合先导区。

二、政策措施

（四）简化市场准入。落实简政放权、放管结合、优化服务一系列措施，深化行政审批制度改革，持续推进商事制度改革，提高便利化水平。落实注册资本认缴登记和“先照后证”改革，在现有“三证合一”登记制度改革成效的基础上大力推进“五证合一、一照一码”登记制度改革。推动住所登记制度改革，积极支持各地放宽住所（经营场所）登记条件。县级人民政府要设立“绿色通道”，为返乡下乡人员创业创新提供便利服务，对进入创业园区的，提供有针对性的创业辅导、政策咨询、集中办理证照等服务。对返乡下乡人员创业创新免收登记类、证照类等行政事业性收费。（工商总局等负责）

（五）改善金融服务。采取财政贴息、融资担保、扩大抵押物范围等综合措施，努力解决返乡下乡人员创业创新融资难问题。稳妥有序推进农村承包土地的经营权抵押贷款试点，有效盘活农村资源、资金和资产。鼓励银行业金融机构开发符合返乡下乡人员创业创新需求的信贷产品和服务模式，探索权属清晰的包括农业设施、农机具在内的动产和不动产抵押贷款业务，提升返乡下乡人员金融服务可获得性。推进农村普惠金融发展，加强对纳入信用评价体系返乡下乡人员的金融服务。加大对农业保险产品的开发和推广力度，鼓励有条件的地方探索开展价格指数保险、收入保险、信贷保证保险、农产品质量安全保证保险、畜禽水产活体保险等创新试点，更好地满足返乡下乡人员的风险保障需求。（人民银行、银监会、保监会、农业部、国家林业局等负责）

（六）加大财政支持力度。加快将现有财政政策措施向返乡下乡人员创业创新拓展，将符合条件的返乡下乡人员创业创新项目纳入强农惠农富农政策范围。新型职业农民培育、农村一二三产业融合发展、农业生产全程社会化服务、农产品加工、农村信息化建设等各类财政支农项目和产业基金，要将符合条件的返乡下乡人员纳入扶持范围，采取以奖代补、先建后补、政府购买服务等方式予以积极支持。大学生、留学回国人员、科技人员、青年、妇女等人员创业的财政支持政策，要向返乡下乡人员创业创新延伸覆盖。把返乡下乡人员开展农业适度规模经营所需贷款纳入全国农业信贷担保体系。切实落实好定向减税和普遍性降费政策。（财政部、税务总局、教育部、科技部、工业和信息化部、人力资源社会保障部、农业部、国家林业局、共青团中央、全国妇联等负责）

（七）落实用地用电支持措施。在符合土地利用总体规划的前提下，通过调整存量土地资源，缓解返乡下乡人员创业创新用地难问题。支持返乡下乡人员按照相关用地政策，开展设施农业建设和经营。落实大众创业万众创新、现代农业、农产品加工业、休闲农业和乡村旅游等用地政策。鼓励返乡下乡人员依法以入股、合作、租赁等形式使用农村集体土地发展农业产业，依法使用农村集体建设用地开展创业创新。各省（区、市）可以根据本地实际，制定管理办法，支持返乡下乡人员依托自有和闲置农房院落发展农家乐。在符合农村宅基地管理规定和相关规划的前提下，允许返乡下乡人员和当地农民合作改建自住房。县级人民政府可在年度建设用地指标中单列一定比例专门用于返乡下乡人员建设农业配套辅助设施。城乡建设用地增减挂钩政策腾退出的建设用地指标，以及通过农村闲置宅基地整理新增的耕地和建设用地，重点支持返乡下乡人员创业创新。支持返乡下乡人员与农村集体经济组织共建农业物流仓储等设施。鼓励利用“四荒地”（荒山、荒沟、荒丘、荒滩）和厂矿废弃地、砖瓦窑废弃地、道路改线废弃地、闲置校舍、村庄空闲地等用于返乡下乡人员创业创新。农林牧渔业产品初加工项目在确定土地出让底价时可按不低于所在地土地等别相对应全国工业用地出让最低价标准的70%执行。返乡下乡人员发展农业、林木培育和种植、畜牧业、渔业生产、农业排灌用电以及农业服务业中的农产品初加工用电，包括对各种农产品进行脱水、凝固、去籽、净化、分类、晒干、剥皮、初烤、沤软或大批包装以供应初级市场的用电，均执行农业生产电价。（国土资源部、国家发展改革委、住房城乡建设部、农业部、国家林业局、国家旅游局、国家电网公司等负责）

（八）开展创业培训。实施农民工等人员返乡创业培训五年行动计划和新型职业农民培育工程、农村青年创业致富"领头雁"计划、贫困村创业致富带头人培训工程，开展农村妇女创业创新培训，让有创业和培训意愿的返乡下乡人员都能接受培训。建立返乡下乡人员信息库，有针对性地确定培训项目，实施精准培训，提升其创业能力。地方各级人民政府要将返乡下乡人员创业创新培训经费纳入财政预算。鼓励各类培训资源参与返乡下乡人员培训，支持各类园区、星创天地、农民合作社、中高等院校、农业企业等建立创业创新实训基地。采取线上学习与线下培训、自主学习与教师传授相结合的方式，开辟培训新渠道。加强创业创新导师队伍建设，从企业家、投资者、专业人才、科技特派员和返乡下乡创业创新带头人中遴选一批导师。建立各类专家对口联系制度，对返乡下乡人员及时开展技术指导和跟踪服务。（人力资源社会保障部、农业部、教育部、科技部、民政部、国家林业局、国务院扶贫办、共青团中央、全国妇联等负责）

（九）完善社会保障政策。返乡下乡人员可在创业地按相关规定参加各项社会保险，有条件的地方要将其纳入住房公积金缴存范围，按规定将其子女纳入城镇（城乡）居民基本医疗保险参保范围。对返乡下乡创业创新的就业困难人员、离校未就业高校毕业生以灵活就业方式参加社会保险的，可按规定给予一定社会保险补贴。对返乡下乡人员初始创业失败后生活困难的，可按规定享受社会救助。持有居住证的返乡下乡人员的子女可在创业地接受义务教育，依地方相关规定接受普惠性学前教育。（人力资源社会保障部、财政部、民政部、住房城乡建设部、教育部等负责）

（十）强化信息技术支撑。支持返乡下乡人员投资入股参与信息进村入户工程建设和运营，可聘用其作为村级信息员或区域中心管理员。鼓励各类电信运营商、电商等企业面向返乡下乡人员开发信息应用软件,开展农业生产技术培训,提供农资配送、农机作业等农业社会化服务,推介优质农产品,组织开展网络营销。面向返乡下乡人员开展信息技术技能培训。通过财政补贴、政府购买服务、落实税收优惠等政策,支持返乡下乡人员利用大数据、物联网、云计算、移动互联网等新一代信息技术开展创业创新。(农业部、国家发展改革委、工业和信息化部、财政部、商务部、税务总局、国家林业局等负责)

(十一)创建创业园区(基地)。按照政府搭建平台、平台聚集资源、资源服务创业的思路,依托现有开发区、农业产业园等各类园区以及专业市场、农民合作社、农业规模种养基地等,整合创建一批具有区域特色的返乡下乡人员创业创新园区(基地),建立开放式服务窗口,形成合力。现代农业示范区要发挥辐射带动和示范作用,成为返乡下乡人员创业创新的重要载体。支持中高等院校、大型企业采取众创空间、创新工厂等模式,创建一批重点面向初创期"种子培育"的孵化园(基地),有条件的地方可对返乡下乡人员到孵化园(基地)创业给予租金补贴。(农业部、国家发展改革委、科技部、工业和信息化部、财政部、人力资源社会保障部、商务部、文化部、国家林业局等负责)

三、组织领导

(十二)健全组织领导机制。各地区、各有关部门要充分认识返乡下乡人员创业创新的重要意义,作为经济社会发展的重点任务予以统筹安排。农业部要发挥牵头作用,明确推进机构,加强工作指导,建立部门间协调机制,督促返乡下乡人员创业创新政策落实,加强经验交流和推广。地方人民政府要建立协调机制,明确任务分工,落实部门责任,形成工作合力;加强调查研究,结合本地实际,研究制定和落实支持返乡下乡人员创业创新的政策措施。探索建立领导干部定点联系返乡下乡人员创业创新制度,深入了解情况,帮助解决实际问题。(农业部、省级人民政府等负责)

(十三)提升公共服务能力。积极开展面向返乡下乡人员的政策咨询、市场信息等公共服务。推进农村社区综合服务设施和信息平台建设,依托现有的各类公益性农产品市场和园区(基地),为返乡下乡人员创业创新提供高效便捷服务。做好返乡下乡人员创业创新的土地流转、项目选择、科技推广等方面专业服务。利用农村调查系统和农村固定观察点,加强对返乡下乡人员创业创新的动态监测和调查分析。（农业部、国家发展改革委、民政部、人力资源社会保障部、商务部、国家统计局、国家林业局等负责）

（十四）加强宣传引导。采取编制手册、制定明白卡、编发短信微信微博等方式，宣传解读政策措施。大力弘扬创业创新精神，树立返乡下乡人员先进典型，宣传推介优秀带头人，发挥其示范带动作用。充分调动社会各界支持返乡下乡人员创业创新的积极性，广泛开展创业大赛、创业大讲堂等活动，营造良好氛围。（农业部等负责）

国务院办公厅

2016 年 11 月 18 日

第二节　促进农村创业创新园区（基地）建设

关于促进农村创业创新园区（基地）建设的指导意见

农加发〔2017〕3号

为深入贯彻落实中央 1 号文件和《国务院办公厅关于支持返乡下乡人员创业创新促进农村一二三产业融合发展的意见》（国办发〔2016〕84 号）有关精神，加快建设一批具有区域特色的农村创业创新园区（基地），更好地为广大返乡下乡创业创新人员提供场所和服务，全面助推农村创业创新，现就推进农村创业创新园区（基地）建设提出如下意见。

一、重要意义

农村创业创新园区（基地）是依托各类涉农园区（基地），通过政策集成、资源集聚和服务集中，融合原料生产、加工流通、休闲旅游、电子商务等产业，集成见习、实习、实训、咨询、孵化等服务为一体，具有功能定位准确、管理规范、示范带动能力强等特点的农村创业创新服务平台，是支持返乡下乡人员到农村创业创新的重要载体。加快农村创业创新园区（基地）建设，有利于整合市场准入、金融服务、财政支持、用地用电、创业培训、社会保障、信息技术等政策措施，有利于聚集土地、资金、科技、人才、信息等资源要素，有利于开展见习、实习、实训、创意、演练等实际操作，形成统一的政策服务窗口、便捷的信息服务平台和创业创新孵化高地，吸引更多有一定资金技术积累、较强市场意识和丰富经营管理经验的返乡下乡人员到园区（基地）开展生产经营活动。建设好农村创业创新园区（基地），推动形成以创新促创业、以创业促就业、以就业促增收的良性互动格局，为现代农业发展注入新要素，为增加农民收入开辟新渠道，为社会主义新农村建设注入新动能具有重要意义。

二、总体要求

（一）指导思想。牢固树立并切实贯彻新发展理念，紧紧围绕推进农业供给侧结构性改革主线，按照政府搭建平台、平台聚集资源、资源服务创业的思路，加快建设一批区域特色明显、基础设施完备、政策措施配套、科技创新条件完善、服务能力较强的农村创业创新园区（基地），为返乡下乡创业创新提供全方位支持和服务，提升返乡下乡人员创业创新能力水平，为农业农村经济发展提供新动能、新支撑。

（二）基本原则。坚持以农为本，重点发展农业生产和生产性服务业、农产品加工流通、休闲旅游、电子商务等涉农产业，支持产业融合发展、循环发展；坚持规划引领，重点发展与区域主导产业、发展规划相匹配的优势产业，发挥聚集效应，避免分散化、碎片化；坚持市场化经营，按照市场规律办事，充分发挥市场配置资源的决定性作用，充分调动市场和创业创新主体的积极性；坚持服务优先，重点加强基础设施、信息网络、政策咨询、生产经营和创业创新等各类服务能力建设，不断提高服务质量和效率。

（三）目标要求。到 2020 年，在全国建设一大批标准高、服务优、示范带动作用强的农村创业创新园区（基地），为返乡下乡人员创业创新提供可选择的场所和高效便捷的服务，实现国家政策、各类资源和相关要素的集成整合，推动农村创业创新更快更好发展。

三、重点任务

（一）完善服务功能。支持农村创业创新园区（基地）积极筹措资金，加强水、电、路、气、网、消防、通讯、绿化、物流等基础设施建设。加快搭建公共服务、电子商务等平台，开展政策解读、信息咨询、创业辅导等服务。不断创新体制机制，建立市场主导、政府引导、企业运作、主体参与的运行方式，形成充满活力的制度模式。有针对性地开展返乡创业培训五年行动计划、新型职业农民培育工程、农村实用人才带头人示范培训、农村青年创业致富“领头雁”计划、贫困村创业致富带头人培训工程、农村创业致富女带头人等培训项目，提升创业创新能力。

（二）营造政策环境。引导农村创业创新园区（基地）对接国家政策，及时梳理政策信息，形成政策明白纸，帮助经营主体了解政策和获取政策支持，推动政策落地见效。方便企业等经营主体入园登记注册，营造便利化、法制化的营商环境。组织开展银企对接、银团合作、投资对接等活动，引导各类金融机构加大对园区（基地）经营主体的金融支持。

（三）促进资源集聚。支持农村创业创新园区（基地）参与农村一二三产业融合发展、农业生产全程社会化服务、农产品加工、农业农村信息化等涉农项目建设，积极为园区（基地）经营主体争取资金支持。加强与高等院校、科研单位、行业协会、产业联盟等机构联系，形成科技、人才的汇集高地。支持园区（基地）建设星创天地，组织经营主体积极参加全国大众创业万众创新活动周、全国农村创业创新项目创意大赛、“创青春”中国青年创业创新大赛等赛事活动，支持社会力量举办创业沙龙、创业大讲堂、创业训练营等创业辅导活动。

（四）推动产城融合。引导农村创业创新园区（基地）与国家粮食生产功能区、重要农产品生产保护区、特色农产品优势区、现代农业示范区和现代农业产业园对接，形成功能和优势互补、产业和利益紧密联结的发展模式，积极推动新产业新业态发展。支持引导返乡下乡人员按照全产业链、价值链的现代产业组织方式开展创业创新，培育农村创业创新示范样板。按照土地利用、主导产业发展等规划要求，树立环境绿色、生态友好的好形象，打造产品优质、安全可靠的好品牌，提高园区（基地）产品的市场占有率，形成区域经济发展新的增长极。

四、保障措施

（一）健全工作机制。各有关部门要充分认识促进农村创业创新园区（基地）建设的重要意义，将其作为推动经济社会发展的重要任务来抓，转变观念、深化认识，精心组织、统筹安排，切实抓好园区（基地）建设各项工作。要在当地党委、政府的统一领导下，明确推进机构，加强工作指导，建立协调机制，形成支持农村创业创新园区（基地）建设的工作合力。

（二）加强政策落实。要强化政策督导，督促支持返乡下乡创业创新政策在园区（基地）落地生根。要结合本地实际，加强调查研究，采取更有针对性的政策措施，努力解决园区（基地）缺人才、缺技术、缺市场等突出问题，着力缓解经营主体的融资难等难题。进一步加大沟通协调力度，推动出台具体的实施办法和工作方案，细化实化配套政策措施，促进政策落地见效。

（三）加强示范带动。要适时推出一批全国农村创业创新示范园区（基地）样板，形成以点带面的良好态势。加强与国家大众创业万众创新示范基地的交流合作，建立共享共赢机制，更好地发挥典型示范带动作用。

（四）加强宣传推介。要充分利用各类新闻媒体，全方位、多角度对园区（基地）进行宣传报道，不断将园区（基地）的优惠政策、基础设施条件和公共服务能力等信息传递给广大创业创新人员，积极营造良好的发展氛围，加快推动农村创业创新蔚然成风。

农业部　国家发展改革委　教育部
科技部　民政部　人力资源和社会保障部
国土资源部　中国人民银行　工商总局
国家统计局　共青团中央　中华全国妇女联合会
2017 年 9 月 8 日

第三节　实施乡村就业创业促进行动

农业农村部关于大力实施乡村就业创业促进行动的通知

农加发〔2018〕4 号

为深入贯彻落实习近平“三农”思想和党的十九大精神，按照《中共中央国务院关于实施乡村振兴战略的意见》的决策部署，促进农业提质增效、农村繁荣稳定和农民就业增收，加快培育乡村发展新动能，农业农村部决定实施乡村就业创业促进行动。现将有关事项通知如下。

一、充分认识重要意义

就业是民生之本，创业是发展之源。党的十八大以来，各地农业农村部门认真落实中央就业创业一系列政策措施，实施大众创业、万众创新战略，积极支持农民工、中高等院校毕业生、退役军人、科技人员、留学回国人员、工商企业主和农村能人等返乡下乡本乡人员就业创业，取得了明显进展和成效。但仍面临一些突出困难和问题，一些地方落实政策不到位、就业创业氛围不浓厚；有些地方就业创业服务平台欠缺、公共服务能力不足；许多地方就业创业优势特色不突出，农村一二三产业融合不够等。实施乡村就业创业促进行动，有利于推动政策落实，搭建公共服务平台，引进和培育更多的创业创新主体，建设乡村人才队伍；有利于培育新产业新业态新模式，壮大乡村优势特色产业，促进农村一二三产业融合发展；有利于推动城乡要素双向流动，实现人才、资源、产业向乡村汇聚，构建城乡融合发展的体制机制。总之，实施乡村就业创业促进行动，对于推动乡村产业振兴、人才振兴、生态振兴、文化振兴和组织振兴，加快推进农业农村现代化，实现农业强起来、农村美起来、农民富起来，都具有十分重要的意义。

二、准确把握总体要求

实施乡村就业创业促进行动要以习近平新时代中国特色社会主义思想为指导，以实施乡村振兴战略为总抓手，以推进农业供给侧结构性改革为主线，按照“政府搭建平台、平台集聚资源、资源服务就业创业”的总要求，动员各方力量，整合各种资源，强化各项举措，通过壮大产业、培育主体、搭建平台、推进融合，支持和鼓励更多返乡下乡本乡人员就业创业，努力形成创新促创业、创业促就业、就业促增收的良好局面。

实施乡村就业创业促进行动，要坚持自主就业创业，支持各类主体自主决定就业创业领域、方向、形式；政府重点提供公共服务、优化外部环境、加强产业引导。坚持人才优先培养，把人才作为就业创业的核心要素，激励各类人才在农村广阔天地大施所能、大展才华、大显身手。坚持特色产业带动，根据产粮村、特色村、城边村、工贸村、生态村、古村落村的不同资源禀赋，宜农则农、宜加则加、宜商则商、宜旅则旅，支持能人返乡、企业兴乡和市民下乡促进就业创业。坚持产业融合发展，按照“基在农业、惠在农村、利在农民”要求，以让农民分享全产业链增值收益为核心，延长产业链、提升价值链、完善利益链，构建现代农业产业体系、生产体系、经营体系，推进就业创业向园区聚集。

三、进一步明确目标任务

力争到2020年，培训农村创业创新人才40万人，培育农村创业创新带头人1万名，宣传推介优秀带头人典型300个；培育100名国家级、1000名省级和1万名市县级农村创业创新导师；建设300个国家农村创业创新园区（基地）、100个全国农村创业创新人员培训基地。建立促进就业创业的政策体系、工作体系和服务体系，促进乡村就业创业规模水平明显提升。

（一）围绕培育主体促进就业创业。依托返乡创业培训五年行动计划、新型职业农民培育工程、农村实用人才带头人和大学生村官示范培训、农村青年创业致富“领头雁”计划、贫困村创业致富带头人培训工程、农村创业致富女带头人等项目，有针对性地开展创业创新人才培训。开展农村创业创新“百县千乡万名带头人”培育工作和百万人才培训行动，以农民合作社、家庭农场、专业大户、农业企业和纯农户、兼业户和职业户为重点，培育一批新型农业经营主体和新型职业农民；以科技人员、企业家、经营管理和职业技能人员等为主体，培育一批乡村复合型人才；以农村创业创新带头人、科技人员、企业家、创业辅导师等为重点，培育农村创业创新导师队伍。以农村创业创新项目创意大赛、农村创业创新成果展览展示等为载体，选拔培育一批优秀创意项目和创业者，对接优质资源要素，激发就业创业热情。

（二）围绕打造园区促进就业创业。动态跟踪1096个全国农村创业创新园区（基地）运营情况，及时更新园区（基地）目录，加快建设一批区域特色明显、基础设施完备、政策措施配套、科技创新条件完善、服务能力较强的国家农村创业创新园区（基地）。确认一批农村创业创新人员培训、实训、见习、实习和孵化基地，不断提升培育质量；加强与各类创业创新基地的交流合作，建立共享共赢机制，适时开展督促检查和第三方评估。

（三）围绕发展特色产业促进就业创业。支持发展农产品初加工、精深加工、综合利用加工、主食加工、休闲旅游、电子商务等优势产业，鼓励发展特色农业、传统民俗民族工艺，手工编织、乡村特色制造、乡土产业、养生养老、科普教育和生产性服务业等乡村特色产业，指导发展分享农场、共享农庄、创意农业等，培育发展家庭工厂、手工作坊、乡村车间，鼓励在乡村地区兴办环境友好型企业，实现乡村多元化就业创业。

（四）围绕推动产业融合促进就业创业。积极推广农业内部融合、产业延伸融合、功能拓展融合、新技术渗透融合、产城融合和复合型融合等多种融合模式；支持发展循环型、终端型、体验型、智慧型等农业新业态，推进智能生产、经营平台、物流终端、产业联盟和资源共享等农业新模式；大力引导农业与乡村工艺、制造、文化、教育、科技、康养、旅游、生态、信息等产业深度融合，指导各类园区重点建设融合产业、集群发展和利益联结机制等内容，培育一批农村一二三产业融合发展示范园和先导区，为乡村就业创业提供更多选择和机会。

四、切实强化保障措施

（一）强化组织领导。各级农业农村部门要把实施乡村就业创业促进行动作为乡村振兴战略的重要举措，作为经常性、长期性和战略性的重要任务来抓，研究制定本地乡村就业创业促进行动工作方案，进一步明确任务分工和进度安排，建立保障机制、督查机制和激励约束机制。于6月底前将工作方案报送农业农村部农产品加工局（农村创业创新工作推进协调机制办公室）；要积极发挥牵头作用，加快建立农村创业创新推进协调机制，认真履行规划、指导、管理、服务等职能；要指导市县农业农村部门进一步明确行动的目标任务、进度安排、责任分工和保障措施，确保推进行动取得实效；要定期开展督导检查，上下联动、共同发力，力争形成齐抓共管的良好局面。

（二）强化政策落实。各地要认真对照《国务院办公厅关于支持返乡下乡人员创业创新促进农村一二三产业融合发展的意见》等文件，尽快制定出台相应的实施意见，进一步推动各项就业创业政策细化实化、落地见效。通过政府购买服务、以奖代补、先建后补等方式，支持乡村就业创业项目；通过保底分红、股份合作、利润返还等多种形式，让农民合理分享全产业链增值收益；通过创设新的财税、金融、用地、用电、科技、信息、人才等配套政策措施，构建全链条优惠政策体系；通过深化“放管服”改革，激活市场、要素和主体活力。

（三）强化公共服务。要针对乡村就业创业涉及的主要产业、优惠政策、配套服务等内容，督促指导市县加快建设乡村就业创业共享平台和信息服务窗口，增强就业创业的引导性、精准性和协同性；进一步加强就业创业辅导培训，提升就业创业能力；加强农村创业创新监测调查，及时掌握农村创业创新新动向；积极争取金融、投资和相关部门的支持，完善乡村就业创业合作机制。

（四）强化典型带动。积极利用各种场合和各类平台，通过座谈会、大讲堂、现场交流等活动，以农村创业创新优秀带头人和优秀乡村企业家的创业历程等为素材，讲述乡村就业创业故事，分享做法经验，在提升乡村就业创业人员素质能力同时，激励更多返乡下乡本乡人员在农村脚踏实地创出一片大有可为的新天地，培育一支留得住、用得上、靠得住的乡村就业创业人才队伍。

（五）强化宣传引导。广泛通过广播、电视、报纸、网络、微信、微博、宣传册、明白纸等形式，积极宣传促进乡村就业创业发展的相关政策和项目实施成效；积极宣传各类促进乡村就业创业发展的典型平台和模式，发挥其示范带动作用；积极宣传乡村就业创业的各项活动，提高社会影响力，吸引社会各界广泛关注并积极投身乡村就业创业促进行动中，推动乡村就业创业蔚然成风。

农业农村部

2018 年 4 月 24 日

第四章

农村创业准备

创业实训营
案例精选库
热点广播台
口袋电子书

"码上"查看

第一节 农村创业项目准备

一 商机的概念

商机，或称商业机会，指的是在特定的市场环境中，由于需求与供给之间的不匹配、市场变化、技术进步、政策调整等因素产生的，可以带来经济利益或商业成功的潜在可能性。商机通常涉及识别和利用这些条件，以创造新产品、服务、市场或流程，满足消费者的需求，从而实现盈利。

特点

- **时效性**：商机往往与特定的时间点或时间段相关联，错过了最佳时机，商机可能会消失或价值降低。
- **潜在价值**：商机背后通常隐藏着未被充分利用的资源或未被满足的市场需求，具有转化为经济利益的潜力。
- **创新性**：商机往往需要创新的解决方案，无论是新的产品、服务，还是新的商业模式或技术应用。
- **风险性**：虽然商机预示着潜在的收益，但同时也伴随着不确定性和风险，需要进行合理的评估和管理。
- **竞争性**：商机可能会吸引多个竞争者，因此需要有明确的竞争策略和执行力来抓住机会。

识别和把握商机需要敏锐的市场洞察力、创新思维、战略规划能力以及有效的资源配置。对于创业者和企业家来说，商机是推动企业发展、实现增长的关键因素。

二 市场调查的方法

市场调查是收集、分析和解释信息以帮助企业理解市场动态、消费者行为和竞争环境的过程。以下是一些常用的市场调查方法：

问卷访谈调查

在线问卷：通过电子邮件、社交媒体或专业调查网站分发问卷。

电话访问：通过电话进行访谈。

面对面访谈：直接与受访者面对面交流，获取更深入的信息。

观察法

自然观察：在自然环境中观察消费者的购买行为和使用习惯。

模拟观察：在控制环境中观察消费者对特定刺激的反应。

焦点小组

组织一小群人进行深入讨论，以获取对产品、服务或概念的见解和反馈。

深度访谈

与行业专家、现有客户或潜在客户进行一对一的详细访谈。

实验法

通过控制实验来测试不同变量对消费者行为的影响。

案例研究

深入研究个别案例，以获得对特定市场现象的深刻理解。

竞品分析

研究竞争对手的产品、价格、营销策略和市场份额。

桌面研究

收集和分析已经存在的数据和信息，如行业报告、市场研究等。

消费者行为分析

使用数据分析工具和技术（如网站流量分析、购买历史分析）来理解消费者的在线行为。

专家咨询

向行业分析师、顾问或专家咨询，获取他们对市场趋势和问题的专业意见。

产品测试

让目标消费者试用产品，并收集他们的反馈和评价。

市场模拟

使用计算机模型模拟市场环境，预测不同市场策略的潜在结果。

社交媒体分析

分析社交媒体上的讨论和趋势，了解消费者对品牌、产品或服务的看法。

神秘顾客

雇佣人员以普通消费者的身份访问销售点，评估客户服务和购物体验。

选择市场调查方法时，应考虑调查目的、预算、时间限制和可获得资源。有效的市场调查可以帮助企业做出基于数据的决策，降低风险，并抓住市场机会。

三 市场调查需掌握的信息

进行市场调查时，需要掌握一系列关键信息，以便全面了解市场状况、消费者需求、竞争环境和潜在商机。以下是市场调查中应重点关注的信息类型：

目标市场特征

市场规模：了解目标市场的总体大小和潜在增长趋势。

市场结构：分析市场的组成，如消费者群体、产品类别、分销渠道等。

地理分布：掌握目标市场的地理特征和区域差异。

消费者行为

购买习惯：了解消费者购买产品或服务的频率、时间、地点和方式。

需求分析：识别消费者的当前需求和未满足的需求。

购买动机：探究影响消费者购买决策的因素。

竞争环境

竞争对手：识别主要的竞争对手和他们的市场份额。

竞争策略：分析竞争对手的产品、价格、促销和分销策略。

竞争优势：评估自身与竞争对手相比的优势和劣势。

产品或服务信息

产品特性：详细了解自身产品或服务的特点、优势和不足。

产品定位：明确产品在市场中的定位和目标消费者。

新产品开发：探索新产品或服务的开发潜力和市场需求。

价格策略

价格水平：了解市场上类似产品或服务的价格范围。

价格敏感度：评估消费者对价格变动的反应。

定价策略：制定或调整产品的定价策略。

营销和促销

营销渠道：研究最有效的营销和广告渠道。

促销活动：评估不同促销活动的效果和 ROI（投资回报率）。

品牌认知：了解目标市场对品牌的认知度和态度。

分销渠道

分销网络：分析现有的分销渠道和潜在的新渠道。

物流配送：考虑产品的存储、运输和配送问题。

法律和政策环境

法规要求：了解影响市场的法律、法规和政策。

政策变化：关注可能影响市场的政策变动和趋势。

宏观经济因素

经济趋势：分析经济增长、通货膨胀、失业率等宏观经济指标。

社会文化趋势：考虑人口结构、生活方式变化等社会文化因素。

技术发展

技术趋势：关注行业内的技术进步和创新。

技术应用：评估新技术对产品开发和市场策略的影响。

掌握这些信息有助于企业制定有效的市场策略，提高市场竞争力，实现商业目标。市场调查是一个持续的过程，企业应定期更新这些信息，以适应市场的变化。

四 市场信息采集途径

市场信息采集是了解市场动态、消费者需求、竞争对手情况以及行业趋势的重要环节。以下是一些有效的市场信息采集途径：

市场调研

问卷调查：设计问卷并通过线上或线下方式获取客户偏好、购买等信息。

访谈和焦点小组：与消费者、分销商进行访谈或讨论，了解市场情况。

竞品分析

产品试用：亲自体验竞争对手的产品或服务，分析其优缺点。

价格监测：跟踪竞品的价格变动，了解市场定价策略。

销售和分销渠道

销售数据：分析自身产品的销售数据，了解销售趋势和消费者偏好。

分销商反馈：收集分销商和零售商的反馈，了解产品在市场上的表现。

客户服务

客户反馈：通过售后服务收集客户的意见和建议。

投诉分析：分析客户投诉，了解产品的潜在问题和市场的需求。

网络信息

社交媒体监测：通过社交媒体平台了解消费者对产品或服务的讨论和反馈。

搜索引擎趋势：利用谷歌趋势等工具分析关键词的搜索量，了解市场热点和趋势。

行业报告和研究

行业研究报告：购买或订阅专业机构发布的行业报告，获取深入的市场分析和预测。

学术论文和研究报告：查阅相关领域的学术论文和研究报告，了解最新的研究成果和技术发展。

政府和行业协会

官方统计数据：关注政府发布的经济数据、行业统计等官方信息。

行业协会信息：加入行业协会，获取行业内的最新动态和资源。

参加行业活动

行业展会和会议：参加行业展会、会议和研讨会，获取第一手信息。

商务考察：到其他城市或国家进行商务考察，了解不同市场的运作方式。

通过上述途径，企业可以全面、系统地收集市场信息，为制定市场策略和业务决策提供坚实的数据支持。有效的市场信息采集能够帮助企业把握市场机会，规避风险，保持竞争优势。

五 正确判断和把握市场信息

正确判断和把握市场信息对于企业制定战略、优化运营和保持竞争力至关重要。

确保信息的准确性

核实来源：确保所获取的信息来自可靠和权威的来源，避免因错误或过时的信息做出错误判断。

多方验证：通过多个渠道收集信息，并进行交叉验证，以提高信息的准确性。

系统性分析

趋势分析：关注市场趋势和行业动态，分析长期和短期的变化，预测未来走向。

比较分析：与竞争对手和行业标准进行比较，评估自身的市场地位和竞争力。

量化数据

数据可视化：利用图表、图形将数据可视化，帮助更直观地理解市场信息。

统计分析：运用统计学方法对数据进行分析，如回归分析、方差分析等，以发现数据之间的关系和模式。

深入了解消费者

消费者行为：研究消费者的购买习惯、偏好和需求，了解影响消费者决策的因素。

用户反馈：重视用户反馈和评论，从中获取产品改进和市场策略的线索。

考虑外部环境

宏观经济：关注宏观经济指标和政策变化，评估对市场的潜在影响。

社会文化：了解社会文化趋势，如人口结构变化、生活方式变化等，预测其对市场的长远影响。

利用专业工具

市场分析软件：使用专业的市场分析软件和工具，如CRM系统、市场调研平台等，提高分析效率和深度。

专家咨询：咨询行业专家和顾问，获取他们的见解和建议。

动态调整

持续监控：持续监控和更新市场信息变化，及时调整策略。

灵活应变：根据市场信息的变化，灵活调整产品价格、促销和分销策略。

决策支持

决策模型：建立决策支持系统，将市场信息整合到决策过程中，提高决策的科学性和有效性。

通过上述方法，可以更准确地判断和把握市场信息，为企业的战略规划和日常运营提供有力支持。需要强调的是，市场信息的分析和利用是一个持续的过程，需要不断地学习、实践和优化。

六 创业项目市场目标的选择

农业创业项目选择市场目标需要综合考虑市场需求、竞争环境、资源条件和项目特点等多个因素。以下是一些关键步骤：

步骤一 市场调研

需求分析：研究目标市场的需求，了解消费者的购买习惯、偏好和购买力。

竞争分析：分析同类产品的市场供应情况，包括竞争对手的市场占有率、产品特点和价格策略。

趋势预测：关注行业发展趋势、政策法规变化和市场动态，预测市场潜力。

步骤二 市场细分

地理位置：根据不同地区的农业资源、气候条件和市场需求，将市场细分为不同的地理区域。

农业类型：根据农业产业的特点，将市场细分为种植业、畜牧业、渔业等不同的农业领域。

客户需求：根据客户的购买能力、消费习惯和购买意愿等因素，将市场细分为高端市场、中端市场和低端市场。

步骤三 目标市场评估

市场潜力：评估各细分市场的规模、增长潜力和盈利能力。

进入难度：分析进入目标市场的难易程度，包括市场壁垒、竞争对手的反应和市场饱和度。

资源匹配：考虑项目所拥有的资源和能力是否与目标市场的需求相匹配。

步骤四 选择目标市场

战略选择：根据市场评估结果，选择具有最大潜力和最符合项目优势的目标市场。

优先级排序：对多个潜在市场进行优先级排序，确定主攻市场和次级市场。

步骤五 市场定位

品牌建设：明确项目的品牌定位，突出其创新、科技、绿色等核心价值，塑造独特品牌形象。

推广策略：制定有效的市场推广策略，包括广告、公关、内容营销等，提高品牌知名度和美誉度。

产品差异化：根据目标市场的特点，开发差异化的产品或服务，满足特定客户群体的需求。

步骤六 持续监测和调整

市场反馈：收集市场反馈信息，了解产品在市场上消费者的接受度。

策略调整：根据市场变化和运行情况，及时调整市场目标和营销策略。

通过以上步骤，农业创业项目可以更加精准地选择市场目标，提高市场进入的成功率，并实现可持续发展。

七 农村创业项目的市场定位

农村创业项目的市场定位是一个关键环节，它决定了项目的发展方向和成功概率。以下是进行市场定位的一些建议：

了解市场需求

进行市场调研，了解目标市场的消费需求、消费习惯和购买力。

分析消费者对农产品的偏好，如对有机、绿色、无公害产品的需求。

考虑市场趋势，如健康食品、休闲农业、乡村旅游等新兴市场的发展。

确定目标市场

根据产品特性和市场需求，确定目标市场是本地、区域还是全国市场。

考虑目标市场的人口结构、经济水平、文化背景等因素。

分析竞争对手，了解他们的市场定位和优势。

明确产品定位

根据产品特点和目标市场，确定是面向高端市场、中端市场还是低端市场。

考虑产品的独特卖点，如特色种植、传统手工艺、文化体验等。

确定产品的品牌定位，如品质、健康、环保、文化等。

制定市场策略

根据市场定位，制定相应的产品策略、价格策略、渠道策略和促销策略。

考虑如何通过电子商务、社交媒体、线下活动等方式推广产品。

制定市场进入和发展计划，包括短期和长期目标。

持续监测和调整

定期收集市场反馈，了解产品在市场上的表现。根据市场变化和竞争动态，及时调整市场定位和策略。保持灵活性，适应市场的变化。

通过以上步骤，农村创业项目可以得到更准确的市场定位，找到合适的目标客户群体，制定有效的市场策略，根据市场的实际变化进行动态调整。

八 选择适合的创业项目

选择农村创业项目时，需要综合考虑市场需求、资源条件、个人能力、政策支持等多个因素。以下是一些建议，帮助你在农村选择适合的创业项目：

市场调研

需求分析：研究市场对农产品和农村服务的需求，了解消费者的偏好和购买力。

竞争分析：考察同类产品的市场供应情况，分析竞争对手的优势和不足。

资源评估

自然资源：考虑当地的气候、土壤、水资源等自然条件，选择适合的农作物或养殖业。

人力资源：评估当地劳动力资源，包括技能、成本和可用性。

个人能力和兴趣

专业技能：选择与你的专业技能和经验相匹配的项目。

兴趣爱好：结合个人兴趣，创业过程会更加愉快和持久。

政策环境

政策支持：了解国家和地方政府的扶持政策，如补贴、贷款、税收优惠等。

法规要求：确保创业项目符合相关法律法规，避免未来可能的法律风险。

创新和可持续性

创新性：考虑引入新技术、新品种或新模式，提高产品或服务的附加值。

可持续性：选对环境影响小、可持续发展的项目，如有机农业、生态养殖等。

风险评估

市场风险：分析市场需求的稳定性和潜在的市场风险。

经营风险：评估自然灾害、价格波动等可能对创业项目造成影响的风险。

资金预算

启动资金：预估项目启动所需的资金，包括土地、设备、原材料、人工等成本。

盈利模式：设计清晰的盈利模式，确保项目能够实现盈利。

社会影响

社会效益：考虑项目对当地社区的积极影响，如带动就业、改善居民生活等。

长期规划

发展潜力：评估项目的长期发展潜力和扩展可能性。

实地考察

实地考察：到农村进行实地考察，了解当地的实际情况。

选择农村创业项目是一个复杂的过程，需要综合考虑多方面因素，并做好充分的准备工作。务实的态度、周密的规划和持续的努力是成功创业的关键。

九 当前适合在农村创业的产业类型

适合农村创业的产业类型多种多样，主要取决于当地的资源禀赋、市场需求、政策支持和创业者的个人能力。

特色农业

种植养殖具有地方特色的农畜产品，如有机蔬菜、特色水果、中草药、稀有花卉、羊驼、珍珠鸡等。

农产品加工

将农产品加工成方便食品、罐头、干果、腌渍食品等，增加其附加值。

休闲旅游

建立休闲农场、观光果园、垂钓园等，提供城市居民休闲娱乐的去处。结合当地的自然风光和文化资源，开发农家乐、民宿、生态旅游、农业体验等项目。

农村电商

利用互联网平台销售农产品，拓宽销售渠道，提高农产品的市场竞争力。建立农产品冷链物流系统，提高农产品的运输效率和保鲜质量。

农业科技服务

提供农业技术咨询、病虫害防治、土壤改良、良种推广等服务。

手工艺品制作

利用当地材料和传统技艺制作手工艺品，如制作编织、陶瓷、木雕手工艺品等。

农业废弃物资源化利用

将农业废弃物如秸秆、畜禽粪便等转化为生物质能源、有机肥料等。

农村健康养生

结合传统中医养生理念，提供农村健康养生服务，如养生餐饮、中医理疗等。

选择农村创业产业时，应充分考虑当地的实际情况和市场需求，结合创业者自身的兴趣和专长，以及政府的扶持政策，选择最适合自己的创业方向。

第二节　农村创业主体资格准备

一　新型农业经营和服务主体

新型农业经营和服务主体是指在现代农业发展过程中，采用新的经营模式、管理方法和服务手段的各类农业组织和个体。其具有较高的生产效率、较强的市场竞争力和较好的服务能力。

家庭农场

以家庭成员为主要劳动力，从事专业化、规模化农业生产的农场。

农民合作社

由农民自愿组织起来的，以共同的经济利益为基础，进行统一经营、共享收益的合作组织。

农业企业

从事农业生产、加工、销售等业务的企业，包括国有、集体、私营、股份制等多种形式。

农业专业户

专注于某一特定农产品的生产或服务，如特色种植养殖、农业技术服务等。

农业社会化服务组织

提供农业技术推广、病虫害防治、农机作业、农产品质量检测等服务的组织。

农业科技园区

集农业科研、示范、培训、孵化等功能于一体的综合性农业科技园区。

农业产业化联合体

由农业企业、农民合作社、家庭农场等不同主体组成的，实现产业链上下游一体化的经营组织。

农村电商平台

利用互联网技术，为农产品提供在线销售、物流配送、市场信息服务的平台。

农业金融服务机构

为农业生产经营提供贷款、保险、投资等金融服务的机构。

农业休闲旅游经营主体

开发农家乐、休闲农场、乡村旅游等，提供农业体验和休闲服务的经营主体。

农业环境管理服务主体

专注于农业废弃物处理、土壤修复、水资源管理等环境服务的组织。

农业教育和培训机构

提供农业技术培训、农业经营管理教育、农村创业指导等服务的机构。

这些新型农业经营和服务主体在推动农业现代化、提高农业竞争力、促进农民增收等方面发挥着重要作用。随着农业政策的支持和市场需求的变化，这些主体的类型和功能还将继续发展和创新。

二 经营和服务主体间的联系

家庭农场、农民合作社、农业龙头企业和社会化服务组织是现代农业发展中的不同经营和服务主体，它们有各自的特点，同时也存在一定的联系和互动。以下是它们之间的区别和联系：

家庭农场

特点：家庭农场通常由家庭成员经营，规模相对较小，以家庭劳动力为主，专注于特定农产品的生产。

联系：家庭农场可能会加入农民合作社以获取更好的市场渠道和资源共享，或与农业龙头企业合作进行产品销售。

农民合作社

特点：由一群农民自愿组织起来，成员共同出资、共同经营、共享收益，规模通常比家庭农场大，可以涵盖多个家庭农场。

联系：农民合作社可以为家庭农场提供市场信息、技术支持、农资采购等服务，帮助家庭农场提高效率和收益。

农业龙头企业

特点：通常指规模较大、实力较强的农业企业，它们在产业链中起引领作用，涉及农产品的生产、加工、销售等多个环节。

联系：农业龙头企业可能与家庭农场和农民合作社建立合作关系，为其提供种子、技术、市场等支持，帮助它们提升产品质量和市场竞争力。

社会化服务组织

特点：提供专业化的农业服务，如农业技术推广、病虫害防治、农机作业、农产品质量检测等，不直接涉及农产品的生产。

联系：社会化服务组织为家庭农场、农民合作社和农业龙头企业提供必要的技术支持和服务，帮助它们提高生产效率和产品质量。

这些主体之间的区别主要在于经营规模、经营范围、组织形式和运作机制。而它们的联系在于它们共同构成了现代农业的经营体系，相互之间通过合作和分工，形成了较为紧密的产业链和价值链。通过这种合作机制，可以更好地整合资源、提高效率、降低成本、增强市场竞争力，从而推动农业的可持续发展。

三 家庭农场的主要特征

家庭农场作为一种农业经营模式，具有以下几个主要特征：

特 征

- **家庭经营**：家庭农场主要由家庭成员负责日常经营和管理，家庭成员是农场的主要劳动力。
- **规模适中**：家庭农场的经营规模通常介于小规模自给自足农业和大型商业农场之间，既能满足家庭生活需求，又能带来一定的经济收益。
- **多样化经营**：家庭农场可能涉及多种经营活动，包括种植业、养殖业、农产品加工、休闲农业等，以适应市场需求和分散经营风险。
- **自给自足**：家庭农场往往追求一定程度的自给自足，生产的食物首先满足家庭成员的基本需求。
- **可持续发展**：家庭农场倾向于采用可持续的农业生产方式，如有机农业、生态农业等，注重环境保护和资源循环利用。
- **社区联系**：家庭农场通常与当地社区有着紧密的联系，可能参与社区活动，为当地市场提供农产品。
- **直接销售**：家庭农场可能会通过农场直销、农贸市场、社区支持农业(CSA)等方式直接向消费者销售农产品。
- **政策支持**：国家和地方政府为家庭农场提供政策支持，包括财政补贴、税收减免、技术支持、市场准入等。
- **创新与传统相结合**：家庭农场在保持传统农业文化的同时，也可能引入现代农业技术和创新管理模式。
- **风险承担**：家庭农场的经营风险主要由农场主及其家庭成员承担，这可能包括自然灾害、市场波动等风险。

四 创办家庭农场需要具备的条件

创办家庭农场需要考虑以下因素，以确保农场的运营和长期发展。

土地资源

土地面积：确保有足够的土地面积与农场的经营规模相匹配。

土地质量：土地的肥力、灌溉条件、土壤结构等都会影响农作物的生长。

土地使用权：确保拥有合法的土地使用权，或租赁等方式合法使用土地。

资金投入

启动资金：评估并准备足够的启动资金，用于购买种子、肥料、农业机械等。

运营资金：确保有足够的流动资金支持日常运营，包括人工成本、维护费用等。

技术和知识

农业技能：具备或能够学习必要的农业技术和管理知识。

市场知识：了解市场需求、价格波动、销售渠道等信息。

人力资源

家庭成员参与：要考虑家庭成员的劳动力和技能。

外部劳动力：需要雇佣外部劳动力，要考虑劳动力的可用性和成本。

市场和销售

目标市场：明确目标市场和潜在客户，制定市场策略。

销售渠道：建立销售渠道，如直销、市场批发、网络平台等。

法律和政策

法律法规：了解并遵守相关的农业法规、土地政策、环保规定等。

政策支持：熟悉政府对农业的扶持政策，如补贴、税收优惠、技术支持等。

风险管理

自然灾害：评估自然灾害风险，如干旱、洪水、病虫害等，并制定应对措施。

市场风险：考虑市场价格波动、需求变化等市场风险。

生产设施

农业机械：根据生产需要，考虑购买或租赁农业机械。

储存设施：建立必要的农产品储存和保鲜设施。

环境保护

可持续农业：考虑采用生态农业、循环农业等可持续生产方式，保护生态环境。

个人兴趣和承诺

创业热情：愿意投入时间和精力。

长期承诺：农业投资回报周期较长，需要有长期经营的承诺。

综合考虑这些条件，制定详细的创业计划，有助于家庭农场的成功创办和持续发展。在创业过程中，持续学习和适应市场变化，积极寻求政府和社会的支持，将有助于克服困难，实现农场的稳健经营。

五 家庭农场的经营模式

家庭农场经营模式多种多样，主要取决于农场的规模、资源、地理位置以及市场需求等因素。常见的家庭农场经营模式如下：

经营模式

- **传统农作物种植**：专注于粮食作物、经济作物的种植，如水稻、小麦、玉米、蔬菜、水果等。
- **特色种植**：种植具有特色的农产品，如有机蔬菜、绿色水果、中草药、花卉等，满足市场对特色和高品质农产品的需求。
- **畜牧养殖**：从事家禽、家畜的养殖，如养鸡、养猪、养牛、养羊等，提供肉类、蛋类、奶类等农产品。
- **混合农业**：结合种植和养殖，实现资源的循环利用和风险的分散，如在果园中养殖鸡鸭，利用动物粪便进行种植。
- **休闲农业**：开发农家乐、观光农业、体验农场等，为城市居民休闲娱乐和农业体验提供服务。
- **农产品加工**：对自产的农产品进行初步加工或深加工，如制作果脯、果酱、腌菜、干果等，增加产品附加值。
- **农村电商**：利用互联网平台销售农产品，开展线上直销、社区团购等业务，拓宽销售渠道。
- **农业科技示范**：引入现代农业技术，如智能农业、节水灌溉、生物防治等，提高农业生产效率和产品质量。
- **农业社会化服务**：为周边农户提供农业技术服务、农资供应、农产品销售等服务。
- **生态循环农业**：采用生态农业的理念，实现农业生产的可持续发展，如秸秆还田、畜禽粪便发酵利用等。
- **农业与旅游结合**：将农业生产与乡村旅游相结合，开发农业主题公园、农事体验活动等。
- **定制农业**：根据消费者的个性化需求，提供定制化的农产品种植和配送服务。

选择家庭农场的经营模式时，应充分考虑自身的资源条件、市场需求、个人兴趣和能力，以及政策支持等因素，制定符合自身实际情况的经营策略。同时，注重创新和适应市场变化，以实现家庭农场的可持续发展。

六 成立农民专业合作社应具备的条件

根据《中华人民共和国农民专业合作社法》和相关法律法规，成立农民专业合作社应具备以下条件：

具备条件

- **成员资格**：至少需要五名具有农业生产经营资格的成员。成员可以是农民个人、家庭农场、其他农民专业合作社、农业企业等。
- **自愿原则**：所有成员加入合作社必须是自愿的，不得强迫或变相强迫。
- **民主管理**：合作社应实行民主管理，成员在合作社的决策中享有平等的权利。
- **成员出资**：合作社的成员应当按照章程规定向合作社出资，出资可以是货币、实物、知识产权、土地经营权等可以用货币估价的财产。
- **经营范围**：合作社的业务范围应符合农业生产、加工、销售等与农业相关的活动。
- **组织机构**：合作社应设立成员大会、理事会、监事会等组织机构，并明确各自的职责和权利。
- **章程**：合作社应制定章程，内容包括合作社名称、住所、业务范围、成员权利和义务、组织机构和管理制度、盈余分配和亏损处理、章程修改程序等。
- **法定代表人**：合作社应指定一名法定代表人，负责合作社的法律事务和日常管理工作。
- **经营场所**：合作社应有固定的经营场所，用于开展合作社的业务活动。
- **合法合规**：合作社的成立和运营必须遵守国家法律、法规和政策，不得从事非法活动。

满足以上条件后，农民专业合作社可以向当地工商行政管理部门申请设立登记，领取营业执照，正式开展业务活动。

七 农民专业合作社登记注册流程

农民专业合作社的登记注册流程大致如下，可因当地政策的不同有所变化。

步骤一　准备阶段

确定合作社名称：选择一个符合规定且未被注册的合作社名称。

制定章程：根据《中华人民共和国农民专业合作社法》和其他相关法律法规，制定合作社的章程。

确定成员：至少需要五名具有农业生产经营资格的成员。

确定经营范围：明确合作社的业务范围和经营目标。

准备场地证明：准备经营场所的产权证明或租赁合同。

设立银行账户：在银行开设合作社的临时账户。

步骤二 名称预先核准

向当地工商行政管理部门（或市场监督管理局）提交合作社名称预先核准申请。

步骤三 提交注册申请

准备以下文件：

①农民专业合作社设立登记申请书；

②合作社章程；

③成员名单及其农业经营资格证明；

④法定代表人、理事、监事等主要负责人的身份证明；

⑤经营场所证明；

⑥其他可能需要的文件，如成员出资证明等。

将上述文件提交给当地工商行政管理部门。

步骤四 领取营业执照

审核通过后，工商行政管理部门将颁发营业执照。

步骤五 后续手续

公章刻制：凭营业执照刻制合作社公章、财务章等。

税务登记：到当地税务局进行税务登记，获取税务登记证。

开立基本账户：将临时账户转为正式账户，并办理相关的银行开户手续。

社会保险登记：根据需要，到当地社会保险机构进行登记。

其他相关许可：如果合作社的经营范围涉及特殊行业，可能还需要办理相应的行业许可证。

步骤六　运营前的准备

成员出资：根据章程规定，成员进行出资。

业务开展：确定内部管理结构，准备开展合作社的业务活动。

八　农民专业合作社运行应当遵循的原则

农民专业合作社的运行应当遵循以下原则，以确保其健康、稳定和有效地服务于成员和农业发展：

原则

- **自愿互助原则**：合作社的成立和运作应基于成员的自愿参与，鼓励成员之间的互助合作。
- **民主管理原则**：合作社应实行民主管理，确保所有成员在决策过程中有平等的发言权和表决权。
- **成员所有原则**：合作社应由其成员所有，成员对合作社的资产享有共同的所有权。
- **公平交易原则**：合作社应保证成员之间的交易公平，不得存在剥削或不公平的交易行为。
- **利润返还原则**：合作社的盈余应按照成员的交易量或服务使用量进行分配，确保成员能够公平分享合作社的盈利。
- **自主经营原则**：合作社应独立自主地进行经营活动，不受外部不正当干预。
- **风险共担原则**：合作社成员应共同承担经营风险，通过集体力量提高抗风险能力。
- **教育培训原则**：合作社应开展成员教育和培训，提高成员的专业知识水平和管理能力。
- **可持续发展原则**：合作社应注重环境保护和资源合理利用，推动农业生产的可持续发展。
- **合法合规原则**：合作社的运作应遵守国家法律、法规和政策，确保合法合规经营。
- **社会责任原则**：合作社应承担社会责任，促进当地经济发展和社会和谐。
- **开放合作原则**：合作社应开放合作，与其他合作社、企业、研究机构等建立合作关系，共享资源，共同发展。

遵循这些原则，农民专业合作社能够更好地服务于农民成员，提升农业生产效率，增强市场竞争力，促进农民收入的增加和农村经济的发展。同时，这也有助于合作社自身的长期稳定和成长。

九 社会化服务组织主要模式

社会化服务组织主要通过不同的服务模式来满足社会和市场的需求。以下是一些常见的服务模式：

服务模式

- **合同服务模式**：服务组织与客户签订合同，明确服务内容、标准、费用等条款，按合同约定提供服务。
- **会员服务模式**：客户通过支付会员费成为组织的会员，享受一系列定制化或优惠服务。
- **政府购买服务模式**：政府将部分公共服务项目通过招标、竞争性谈判等方式，购买社会化服务组织提供的服务。
- **项目服务模式**：服务组织针对特定的项目需求，提供从项目策划、实施到评估的全过程服务。
- **连锁服务模式**：服务组织通过建立连锁机构，形成服务网络，提供标准化、品牌化的服务。
- **网络平台服务模式**：利用互联网技术，通过在线平台提供远程服务、信息服务、电子商务等。
- **社区服务模式**：服务组织在社区内设立服务点，为社区居民提供便捷的日常生活服务。
- **咨询顾问模式**：服务组织提供专业的咨询服务，如法律咨询、财务咨询、管理咨询等。
- **非营利服务模式**：以非营利为目的，主要通过捐赠、赞助、志愿服务等方式运作，服务于特定的社会群体或公共利益。
- **合作社模式**：成员共同拥有并管理服务组织，共享服务成果，常见于农业、消费、住房等领域。
- **PPP(公私合作)模式**：政府与私营企业合作，共同投资、建设、运营公共服务项目。
- **外包服务模式**：企业将非核心业务外包给专业服务组织，以提高效率和降低成本。

这些服务模式可以单独使用，也可以根据具体情况进行组合，以更好地适应市场需求和实现组织目标。社会化服务组织在选择服务模式时，应考虑自身的资源能力、市场定位、客户需求和可持续发展等因素。

十 农业社会化服务组织主要提供的服务

农业社会化服务组织主要提供一系列旨在提高农业生产效率、促进农业可持续发展和增进农民福祉的服务。以下是一些典型的服务类型：

服务类型

- **农业技术推广**：向农民提供先进的农业技术知识，包括新品种、新技术、新方法的推广和应用。
- **病虫害防治**：提供病虫害监测、预警，病虫害防治方案制定和实施服务，帮助农民有效防治病虫害，减少损失。
- **土壤和植物营养管理**：提供土壤检测、肥料配方、植物营养管理等服务，改善土壤质量和提高作物产量。
- **农业机械化服务**：提供农机租赁、操作培训、维修保养等服务，提高农业生产的机械化水平。
- **农产品质量检测**：对农产品进行质量安全检测，确保农产品符合国家和行业的质量标准。
- **农业信息咨询**：提供市场信息、价格行情、政策法规等咨询服务，帮助农民做出更好的生产和销售决策。
- **农业金融服务**：提供农业贷款、保险、投资等金融服务，缓解农民的资金压力。
- **农业教育培训**：开展农业技术培训、农村创业培训、农业管理课程等，提升农民的专业技能和经营管理能力。
- **农业环境保护**：提供农业废弃物处理、水资源管理、生态修复等服务，推动农业生产与环境保护的和谐发展。
- **农产品加工与销售**：提供农产品初加工、储存、包装、物流配送等服务，帮助农民拓宽销售渠道，提高农产品附加值。
- **农业项目规划与管理**：为农业项目提供规划、设计、施工管理等服务，确保项目的顺利实施和高效运营。
- **农业法律服务**：提供农业法律法规咨询、合同审查、纠纷调解等法律服务，保护农民的合法权益。

农业社会化服务组织通过提供这些服务，帮助农民解决生产中的实际问题，提升农业生产的整体水平，促进农业现代化和农村经济的发展。

十一 农业企业注册流程

农业企业的注册流程大致遵循以下步骤，但具体细节可能因地区而异：

步骤一 市场调研与商业计划

对市场进行调研，了解农业行业的需求、竞争情况和潜在风险。

制订详细的商业计划，包括经营范围、投资预算、预期收益等。

步骤二 确定公司名称

选择一个符合工商注册要求的公司名称，并进行名称预先核准。

步骤三 准备必要文件

准备公司章程。

准备股东身份证明文件，如身份证或营业执照复印件。

如有外商投资，须准备相关外资审批文件。

步骤四 办理工商登记

向当地工商行政管理部门提交公司注册申请，包括填写的公司登记申请表、公司章程、股东身份证明等文件。

申请营业执照。

步骤五 刻制公章

根据公安机关的规定，刻制公司公章、财务章等。

步骤六 开立银行账户

携带营业执照和公章，到指定银行开立公司账户。

步骤七 税务登记

到当地税务局进行税务登记，并获取税务登记证。

步骤八 申请其他必要许可和证书

根据农业企业的经营范围，可能需要申请环保、土地使用、动植物检疫等方面的许可和证书。

步骤九 社会保险登记

到当地社会保险机构进行登记，为员工缴纳社会保险。

步骤十 统计登记

到当地统计部门进行企业统计登记。

步骤十一 其他后续手续

根据具体业务需要，可能还需要办理其他相关手续，如产品认证、进出口权登记等。

在整个注册过程中，建议咨询专业的法律顾问或会计师，以确保所有文件和手续符合法律规定，避免不必要的延误和额外成本。此外，随着政策的不断更新和电子政务的推进，许多注册流程已经可以在线完成，提高了注册效率。

十二 注册个体工商户流程

注册个体工商户是创业和开展商业活动的第一步。以下是在我国注册个体工商户的一般步骤：

步骤一 确定经营范围

在注册之前，需要确定个体工商户将从事的业务范围，这将决定营业执照上登记的经营范围。

步骤二 选择经营名称

选择一个名称，并确保该名称在所在地的工商行政管理部门没有被注册过。

步骤三 准备必要文件

准备以下文件和资料：

①身份证原件及复印件。

②经营场所的租赁合同或产权证明，以及场所的用途证明（如非住宅用途）。

③个体工商户名称预先核准通知书（如果需要）。

步骤四　办理名称预先核准

前往当地工商行政管理部门或通过其在线服务平台进行名称预先核准。

步骤五　提交注册申请

携带所有准备好的文件，前往当地工商行政管理部门提交个体工商户注册申请。在某些地区，你可能可以通过网上提交申请。

步骤六　领取营业执照

审核通过后，将获得一份营业执照，这是合法经营的证明。

步骤七　刻制公章

根据当地法律规定，刻制公章。

步骤八　开设银行账户

拿着营业执照和公章，到银行开设个体工商户的银行账户。

步骤九　税务登记

前往当地税务局进行税务登记，并了解相关的税收政策和纳税义务。

步骤十　其他后续手续

根据经营范围，可能还需要办理其他特定的许可证或登记，如食品经营许可证、卫生许可证等。

请注意，以上流程可能会和所在地的具体规定和要求有所不同，建议在注册前咨询当地工商行政管理部门或专业法律顾问，以确保流程的准确性和合规性。此外，随着政策的更新和电子政务的发展，许多注册手续已经可以在线完成，大大简化了注册流程。

第三节　农村创业资金筹集

一　测算农村创业所需的资金

1.需要考虑的因素

创业项目

不同的创业项目所需的资金不同。例如，养殖、种植、农产品加工等项目所需的资金相对较少，而开办农家乐、民宿等项目所需的资金则相对较多。

创业规模

创业规模越大，所需的资金通常也越多。

地区因素

不同地区的农村创业成本不同。经济发达地区的成本相对较高，而经济欠发达地区的成本相对较低。

其他因素

除上述因素外，还需要考虑一些其他因素，如市场需求、竞争情况、政策支持等。

2.测算创业所需的资金

测算创业所需的资金是创业计划中的重要环节。以下是一些关键步骤和方法，有助于估算创业资金需求：

初始投资成本

固定资产： 计算购买或租赁土地、建筑、设备等固定资产所需的费用。

装修费用： 如果需要对经营场所进行装修，则要计算设计、材料、人工等费用。

初始库存： 根据产品或服务的性质，估算初期所需的原材料、库存等费用。

营运资金

日常运营成本： 包括租金、水电费、员工工资及原材料采购、市场营销、管理费用等。

预备资金： 为应对突发情况，如市场变动、自然灾害等，预留一定数量的流动资金。

法律和行政费用

注册费用：公司注册、商标注册、专利申请等相关费用。

许可证和执照：获取必要的行业许可证和经营执照的费用。

法律顾问费：聘请律师的费用。

营销和推广费用

广告宣传：线上线下广告、公关活动、促销活动等费用。

市场调研：市场调研和消费者调查的费用。

技术投入

软件开发：如果涉及软件开发，则需计算设计、编程、测试等费用。

硬件采购：购买计算机、服务器、网络设备等硬件的费用。

人力资源成本

招聘费用：人才招聘、培训、福利等费用。

薪资预算：根据团队规模和市场薪资水平，预估员工薪资总额。

融资成本

贷款利息：如果计划通过贷款融资，需要考虑贷款的利息成本。

投资者回报：涉及外部投资者，需要预估给予投资者的回报或分红。

风险准备金

应急资金：为应对不可预见的风险，如市场变动、产品召回等，预留一定比例的资金。

在测算资金时，建议采用保守估计，并留有一定的缓冲空间。同时，考虑到创业初期可能的营收不稳定，建议准备足够的资金以支持至少 6 个月到 1 年的运营。此外，可以创建详细的财务模型，包括收入预测、现金流量表、利润表等，以更准确地管理资金需求。在必要时，可以寻求会计师或财务顾问的专业意见。

二 农村创业资金来源渠道

农村创业所需的资金来源渠道多样化，创业者可以根据自身情况和项目需求选择合适的融资途径。以下是一些主要的资金来源渠道：

自有资金

使用个人或家庭的积蓄或家庭财产作为创业的启动资金。

亲朋好友借款

向亲朋好友借款，但需要签订借款协议，明确借款金额、利率、还款方式等事项。

银行贷款

向银行申请贷款，但需要满足银行的贷款条件，如信用记录良好、有稳定的收入来源等。

政府扶持资金

政府为鼓励农村创业，可为创业者提供低息贷款、贴息贷、农业补贴、创业补贴等。

风险投资

如果创业项目有较好的市场前景和商业模式，创业者可以考虑寻求风险投资的支持。

农村合作金融

在农村地区发展合作金融，加入农民合作社或其他农业组织，通过成员间的互助解决资金需求。

不同的资金来源渠道有不同的优缺点，创业者需要根据自己的实际情况选择合适的资金来源渠道，需要注意合法合规，避免陷入非法集资等风险。

三 农村创业融资注意事项

农村创业融资是一个复杂的过程，需要注意以下几个关键事项：

信用记录

保持良好的信用记录，及时偿还贷款和信用卡账单，信用记录对融资至关重要。

创新融资方式

随着金融科技的发展，探索如供应链融资、互联网金融等新型融资方式。

明确融资需求

准确评估你的创业项目需要多少资金，包括启动资金和运营资金。

制订详细的财务计划和预算，包括预期的收入、成本和利润。

了解融资渠道

探索各种融资渠道，包括银行贷款、政府补贴、农业担保贷款、民间借贷、天使投资、众筹等。

了解每种融资方式的优缺点、条件和流程。

准备必要文件

准备商业计划书、财务报表、项目可行性研究报告等必要文件。

确保所有文件真实、准确、完整。

评估融资成本

了解不同融资方式的成本，包括利息、手续费、担保费等。

考虑融资成本对项目盈利能力和现金流的影响。

考虑还款计划

根据现金流制订还款计划，确保贷款不会对企业运营造成过大压力。

避免过度负债，确保有足够的流动资金应对经营中的变化。

法律和合同

在签订融资合同前，仔细阅读并理解所有条款，特别是关于利率、还款期限、违约责任等。必要时，可以寻求法律顾问的帮助，确保合同的合法性和自身权益受到保护。

风险管理

评估融资带来的风险，包括市场风险、经营风险、财务风险等。

制订风险管理计划，包括风险转移、风险分散、风险预防等措施。

建立信用记录

保持良好的信用记录，及时偿还贷款和信用卡账单。

信用记录对获得未来融资至关重要。

了解政府支持政策

了解并利用政府的农业支持政策，如税收减免、贷款贴息、创业补贴等。

关注政府的扶贫项目和农村发展计划，这些可能为农村创业提供额外的资金支持。

持续沟通

与融资机构保持良好的沟通，在遇到问题时，积极寻求融资机构的帮助和建议。

农村创业融资需要综合考虑多种因素，制订合理的融资策略，并做好充分的准备。在整个过程中，保持谨慎和透明，确保融资活动合法合规，有助于降低风险，提高融资成功率。

四 农业融资担保支持政策

农业融资担保是支持农业和农村经济发展的重要政策工具，旨在解决农业生产经营主体因抵押物不足而面临的融资难题。我国政府出台了一系列支持农业融资担保的政策，以下是一些主要的支持政策：

支持政策

- **政策性担保机构**：政府设立或支持的政策性担保机构，如农业发展银行、农村信用社等，为农业项目提供低费率的担保服务。
- **财政补贴**：对于提供农业担保服务的机构，政府可能会提供财政补贴，降低其运营成本，从而降低农民和农业企业的融资成本。
- **风险补偿**：政府可能会对担保机构承担的风险提供一定程度的补偿，鼓励担保机构扩大农业担保业务。
- **税收优惠**：对农业担保机构和农业贷款利息收入给予一定的税收减免或优惠政策。
- **信贷支持**：政府通过政策引导，鼓励商业银行和其他金融机构增加对农业的信贷投放，特别是对小农户和新型农业经营主体的支持。
- **信用体系建设**：推动农村信用体系建设，提高农户和农业企业的信用评级，降低融资难度。
- **农业保险**：与农业保险相结合，为农业担保提供风险分散机制，减轻担保机构的压力。
- **创新担保方式**：鼓励担保机构创新担保方式，如供应链融资、订单农业融资、土地经营权抵押等。
- **简化程序**：简化农业担保贷款的审批流程，提高贷款效率，降低农户和农业企业的融资门槛。
- **培训和指导**：政府提供相关的培训和指导服务，帮助农户和农业企业了解和利用融资担保政策。

这些政策的实施有助于提高农业融资的可获得性，降低融资成本，促进农业现代化和农村经济发展。政府还会根据农业发展的实际需要和市场变化，不断调整和完善相关政策。

五 签订银行借款合同应注意的事项

签订银行借款合同是企业或个人获得所需资金的重要步骤。以下是在签订银行借款合同时应注意的事项：

了解借款条款

利率：明确贷款的年利率、日利率以及利率是否固定或浮动。

还款期限：了解贷款的总期限和每期还款的时间表。

还款方式：确认是等额本息、等额本金还是其他还款方式。

审查合同细节

借款金额：核实借款金额是否与申请和批准的金额一致。

贷款用途：确认合同中规定的贷款用途是否符合你的实际需求。

费用和罚金：了解与贷款相关的费用，包括手续费、咨询费、逾期罚金等。

确认担保条款

担保方式：确认是无担保还是有担保贷款，担保方式包括抵押、质押或保证等。

担保物：如果涉及担保物，确认担保物的评估价值、所有权和状态。

检查违约责任

违约定义：明确合同中对违约行为的定义。

违约后果：了解违约可能导致的后果，如罚金、提前到期、担保物处置等。

确认提前还款条款

提前还款：检查是否允许提前还款，以及是否需要支付额外费用。

了解保险要求

保险条款：确认是否需要为贷款购买保险，如人寿保险、财产保险等。

阅读附加条款

合同变更：了解如何变更合同条款，变更条件和流程。

争议解决：确认争议解决的方式，如协商、仲裁或诉讼等。

法律咨询

专业意见：在签订合同前，可以咨询法律顾问或律师，确保合同内容合法、合规，并符合你的利益。

保留副本

合同副本：确保保留合同的副本，以备后续查询和记录。

透明度和沟通

沟通确认：对任何不明确或有疑问的条款要求银行进行解释和澄清。

第四节 农村创业团队组建

一 组建农村创业团队的作用

团队作用

- **集合多方面技能**：农村创业往往涉及多个领域，团队能够集合不同成员的专业技能和知识，提高创业项目的整体运行效率和成功率。
- **分担工作压力**：创业过程中的工作压力巨大，通过组建团队，将工作负担分摊给各个成员，避免单一创业者过度劳累，也能提高工作效率。
- **促进创新和学习**：团队成员间相互学习、交流想法，激发创新思维。团队合作能够促进知识和经验的共享，有助于创业项目不断改进和发展。
- **提高决策质量**：团队成员可以从不同角度分析问题，提供多样化的意见和建议，有助于做出更全面和客观的决策。
- **增强风险管理能力**：创业过程中充满不确定性和风险。团队成员可以共同识别潜在风险，制定应对策略，增强企业的风险管理能力。
- **提升执行力**：一个高效的团队能够快速响应市场变化，执行创业计划。团队成员的协作可以确保各项任务按时完成，提升项目的执行力。
- **扩大社会网络**：团队成员各自的社会关系网络可以为创业项目带来更多的资源和机会，如合作伙伴、投资者、客户等。
- **增强适应能力**：农村创业环境复杂多变，团队成员可以相互支持，共同应对挑战，增强整个创业项目对外部环境变化的适应能力。
- **提升竞争力**：一个能力强、协作好的团队可以提升企业的核心竞争力，更好地在市场中立足。
- **实现可持续发展**：随着创业项目的成长，团队可以不断吸引新的人才，实现知识和技能的更新，为企业的长期发展打下坚实基础。

组建团队是农村创业成功的重要因素之一。一个良好的团队不仅能够提升创业效率，还能增强企业的创新能力和市场竞争力，从而实现可持续发展。

二 农村创业团队类型

农村创业团队可以根据其成员的专业背景，创业项目的性质，以及团队的组织结构等因素，划分为不同的类型。以下是一些典型的农村创业团队类型：

团队类型

- **核心创始团队**：通常由具有共同创业愿景和目标的创始人组成，他们负责制定战略方向、筹集资金、管理关键资源等。
- **专业技术团队**：由具有农业技术、生物科学知识、农业工程知识等相关专业知识的成员组成，负责技术研发和创新。
- **经营管理团队**：负责日常经营管理活动，包括财务管理、市场营销、人力资源管理、供应链管理等。
- **市场营销团队**：专注于市场调研、产品推广、品牌建设、客户关系管理等，以扩大市场份额和提高品牌知名度。
- **服务支持团队**：提供客户服务、技术支持、物流配送等服务，确保客户满意度和产品服务质量。
- **生产运营团队**：直接参与农业生产、加工、制造等环节，确保生产效率和产品质量。
- **研发创新团队**：致力于新产品、新技术的研发，推动企业持续创新和产业升级。
- **战略合作团队**：负责与其他企业、政府机构、研究机构等建立合作关系，拓展业务领域和资源渠道。
- **社区发展团队**：专注于与当地社区的互动和合作，推动社区参与和共享发展成果。
- **政策研究团队**：研究相关政策动向，为创业项目提供政策建议和风险评估。
- **多元化团队**：由不同背景、不同领域的人才组成，通过跨界合作，实现资源和知识的互补。
- **青年创业团队**：由年轻的创业者组成，他们通常充满活力和创新精神，愿意尝试新的商业模式和市场策略。

不同类型的团队在农村创业过程中发挥着不同的作用，但它们共同的目标是推动创业项目的成功和农村经济发展。根据创业项目的具体需求，团队类型可以灵活组合和调整，以适应不断变化的市场环境和创业挑战。

三 组建高效稳定的农村创业团队

组建一个高效稳定的农村创业团队是成功创业的关键，可为实现创业目标和长远发展打下坚实的基础。

明确愿景和目标

确定清晰的商业愿景和具体目标，这将帮助吸引有共同目标和价值观的团队成员。

评估所需技能和角色

根据创业项目的需求，确定所需的关键角色和技能，包括技术、营销、财务、运营等。

招募合适的人才

通过各种渠道（如职业社交网络、行业会议、大学校园等）招募团队成员。

重视候选人的专业技能、工作经验和团队合作能力。

建立团队文化

培养积极的团队文化，强调诚信、尊重、开放沟通和共同成长。

设定共同的价值观和行为准则，确保团队成员遵守。

分配角色和职责

根据每个成员的专长和兴趣分配角色和职责，确保每个人都能在其擅长的领域发挥最大效能。

有效沟通

建立有效的沟通渠道和定期会议机制，确保信息流通和问题及时解决。

培养团队合作精神

通过团队建设活动和协作项目，增强团队成员之间的信任和合作。

提供成长和发展机会

为团队成员提供培训和发展机会，鼓励他们提升技能和职业成长。

设定明确的激励机制

设计合理的薪酬体系和激励政策，如股权激励、绩效奖金等，以激发团队成员的积极性和忠诚度。

定期评估和反馈

定期评估团队的工作表现和项目进展，给予成员必要的反馈和指导。根据评估结果调整团队结构和工作策略。

应对挑战和变化

准备应对创业过程中的挑战和变化，如市场变动、竞争对手、资金问题等。

培养团队的适应性和韧性，确保在困难时期团队能够保持稳定和高效。

保持透明和公正

在决策过程中保持透明，让团队成员了解公司的方向和决策背后的原因。

公正对待每个团队成员，避免偏袒和不公平现象。

四　农村创业团队的工作技巧

农村创业团队的工作技巧涉及团队建设、项目管理、沟通协作等多个方面。农村创业团队可以更有效地协作，提高工作效率，克服创业过程中的挑战，实现项目的成功。

明确团队目标

确保团队成员对创业项目的愿景和目标有共同的理解和承诺。

角色分配与专业化

根据团队成员的专长和技能进行角色分配，确保每个人都能在其擅长的领域发挥最大效能。

有效沟通

建立清晰的沟通渠道，确保信息在团队内部流动畅通无阻。

定期举行会议，分享进展，讨论问题，共同寻找解决方案。

团队协作

鼓励团队成员之间的协作，通过团队建设活动增强团队凝聚力。

采用协作工具，如项目管理软件，提高团队协作效率。

持续学习与创新

鼓励团队成员持续学习新知识、新技能，保持创新思维。

定期进行市场调研和技术研究，保持对行业动态的敏感性。

问题解决

面对问题时，采取积极的态度，共同寻找解决方案。

分析问题根源，制定有效的应对策略。

时间管理

制定合理的工作计划和时间表，确保项目按时进展。

学会优先级排序，有效管理团队的时间资源。

适应变化

农村创业环境可能充满不确定性，团队需要具备快速适应变化的能力。

面对市场和技术的变化，及时调整策略和计划。

激励与奖励

设计合理的激励机制，如股权激励、绩效奖金等，激发团队成员的积极性。

认可和表彰团队成员的贡献，提高工作满意度和忠诚度。

风险管理

识别潜在的风险因素，制订风险管理计划。

准备应对策略，以减轻风险对项目的影响。

社区参与

与当地社区建立良好的关系，了解社区需求，融入当地文化。

鼓励团队成员参与社区活动，提升项目的社会影响力。

持续改进

定期评估团队的工作效果和项目进展，根据反馈进行必要的调整。

采纳团队成员的建议，持续优化工作流程和方法。

五 管理农村创业团队

管理农村创业团队是一项复杂的工作，需要综合考虑团队建设、文化塑造、制度制定、风险控制等多个方面。农村创业团队可以更好地发挥集体智慧，克服创业过程中的困难和挑战，实现可持续发展。

建立信任

通过透明和诚实的沟通，建立团队成员之间的信任关系。

明确角色和职责

为每个团队成员设定明确的角色和职责，避免工作重叠和责任不清。

建立信任

通过透明和诚实的沟通，建立团队成员之间的信任关系。

赋予自主权

鼓励团队成员在他们的专业领域内做出决策，这可以提高工作效率和满意度。

定期反馈和评估

提供定期的反馈和绩效评估，帮助团队成员了解自己的表现和成长方向。

团队建设活动

组织团队建设活动，增强团队凝聚力和成员间的相互了解。

激励和奖励

实施有效的激励机制，如股权、奖金、职业发展机会等，以激发团队成员的潜力。

解决冲突

及时识别和解决团队内部的冲突，确保团队的稳定和和谐。

持续学习和发展

鼓励团队成员持续学习和个人发展，为其提供必要的培训和资源。

适应性和灵活性

随着公司的发展，团队可能需要调整和变化，管理者需要灵活应对这些变化。

庆祝成就

认可和庆祝团队的成就，无论是大的里程碑还是小的进步。这有助于提高团队士气。

透明决策

在决策过程中保持透明，让团队成员了解决策背后的原因，增强他们的参与感和归属感。

第五章

产业化经营管理

创业实训营
案例精选库
热点广播台
口袋电子书

跟"码上"查看

第一节　农业产业化经营概述

一　农村土地承包经营权

农村土地承包经营权是指在农村集体经济组织内部，将集体所有的土地依法承包给农户或其他经营主体进行农业生产经营的权利。这一制度起源于我国的家庭联产承包责任制改革，是农村基本经营制度的重要组成部分。

特点

- **承包主体**：通常是农村集体经济组织的成员，即农户家庭。
- **承包期限**：根据《中华人民共和国土地管理法》和《中华人民共和国农村土地承包法》，耕地的承包期限一般为30年，期满后可依法继续承包。
- **经营权内容**：承包方有权使用承包地进行农业生产，包括种植、养殖等，并依法享有收益。
- **流转性**：承包经营权可以依法流转，即承包方可以将承包地的经营权转让、出租、互换、入股或通过其他方式进行流转。
- **保护性**：国家法律保护承包经营权的稳定性，任何组织和个人不得非法剥夺或限制农户的土地承包经营权。
- **社会保障功能**：土地承包经营权具有一定的社会保障功能，为农户提供基本的生产资料和生活保障。

农村土地承包经营权的确立和保护，对于激发农民的生产积极性、保障农民的土地使用权、促进农业发展和农村稳定具有重要意义。随着农业现代化和农村改革的深入，土地承包经营权的流转和利用方式也在不断创新和发展。

二　农业产业化经营的内涵

农业产业化经营是指在农业生产的基础上，通过引入现代企业制度和管理方法，实现农业生产、加工、销售一体化的经营模式。这种模式强调产业链的延伸和价值链的提升，旨在提高农业的综合效益和竞争力，促进农民增收和农村经济的发展。

农业产业化经营的内涵主要包括以下几个方面：

1.一体化经营

实现种植、养殖、加工、储藏、运输、销售等农业产业链的各个环节的有机结合，形成从田间到餐桌的完整产业链，从而将长期割裂的农业产前、产中、产后环节重新联结起来，形成各具特色的“龙”型生产经营体系。

2.区域化布局

区域化布局就是依据区域比较优势，将农业产业经营中的主导产业或生产系列按照“一乡一业”“一村一品”“数村一品”的原则，设立专业化小区，重点发展具有区位优势的特色农产品，并按小区进行农业资源要素配置，发展商品农产品生产基地，提高农业规模聚集效益。

3.专业化分工

在农业生产的各个环节中，根据各自的优势和特点，进行明确的职责划分和专业化生产。这种分工可以提高农业生产的效率和产品质量，降低成本，增强农业的市场竞争力。

专业化分工

- **生产专业化**：农业生产者专注于某一特定作物或养殖品种的生产，通过专业化种植和养殖，提高生产效率和产品品质。
- **加工专业化**：农产品加工企业专注于对农产品进行深加工，提升产品附加值，满足市场对多样化、高附加值农产品的需求。
- **服务专业化**：提供专业化的农业技术服务，如病虫害防治、土壤改良、种植指导等，以及专业化的农业金融服务，如农业保险、贷款等。
- **销售专业化**：通过建立专业的销售渠道和营销团队，进行农产品的市场推广和销售，提高农产品的市场覆盖率和销售效率。
- **物流专业化**：发展专业化的农产品物流体系，包括冷链运输、仓储管理等，确保农产品从田间到餐桌的新鲜度和安全性。
- **管理专业化**：农业企业和合作社等经营主体采用现代企业管理制度，提高管理效率和决策水平。

4.企业化管理

引入现代企业管理制度，实现农业经营的科学化、规范化和标准化。通过“公司 + 农户”“公司 + 合作社 + 农户”等方式，依靠龙头企业带动，将个体农户聚集在产业价值链上，形成具有工业化特征的“柔性经营综合体”，通过合同契约，参股分红，全面成本效益核算，对全系统的营运实行组织化、企业化管理。

通过农业产业化经营，可以有效解决分散的小农经济难以适应市场的问题，实现农业与二三产业的融合发展，推动乡村振兴。

第二节　农业产业化经营模式

一　龙头企业带动型（公司+基地+农户）

龙头企业带动型（公司+基地+农户）是一种典型的农业产业化经营模式，其核心是依托一个或几个具有较强市场竞争力和辐射带动能力的龙头企业，通过与农户建立稳定的合作关系，形成产、供、销一体化的经营体系。龙头企业和农户之间的利益连接方式主要是合同契约，利益分配主要是保护价让利、纯收益分成等。

特点

- **龙头企业**：通常是一个大型的农业企业，具有较强的资金实力、技术能力、市场开拓能力和品牌影响力。
- **基地建设**：龙头企业投资建设标准化、规模化的生产基地，用于种植或养殖，确保原料的稳定供应和质量控制。
- **农户参与**：农户通过合同种植、订单农业等方式与龙头企业合作，按照企业的要求进行生产，企业提供必要的种子、技术、农资等支持。
- **利益联结**：通过合同或合作方式，明确企业和农户之间的利益分配机制，确保农户能够分享到产业链增值的收益。
- **风险分担**：龙头企业通过提供市场信息、技术指导、产品回收等服务，帮助农户降低生产风险和市场风险。

这种模式有效地将分散的小规模农户与现代农业发展结合起来，通过龙头企业的带动作用，提升整个产业链的效率和竞争力，同时也有助于农户增加收入，实现农业的可持续发展。

二 中介组织带动型(中介组织+农户)

中介组织带动型(中介组织 + 农户)是一种农业产业化经营模式,其中中介组织扮演着连接农户与市场的桥梁角色。这种模式通过中介组织为农户提供技术、信息、资金、市场等方面的服务,帮助农户提高生产效率,改善产品质量,扩大市场销售,从而增加农户的收入。他们之间的经济利益通过组织章程及合同连接起来。中介组织的盈余,在提取一定积累后,一部分按交易量返还给成员,另一部分按成员入社股金进行分红。

特点

- **服务导向**:中介组织主要提供服务而非直接参与生产,其核心职能是为农户提供全方位的支持。
- **资源整合**:中介组织通过整合各种资源,如农业技术、市场信息、金融服务等,为农户提供一站式服务。
- **风险降低**:中介组织可以帮助农户分散市场风险,通过集体谈判、合同农业等方式保障农户利益。
- **市场链接**:中介组织通常具有较强的市场开拓能力,能够帮助农户的产品更好地进入市场。
- **利益共享**:中介组织与农户之间建立利益共享机制,确保农户能够从增值环节中获得合理收益。

中介组织带动型模式适用于那些缺乏市场信息、技术和资金支持的农户,通过专业化的服务提高农户的生产能力和市场竞争力,促进农业的现代化和农民的增收。

三 市场带动型(专业市场+农户)

市场带动型(专业市场 + 农户)是一种农业产业化经营模式,它依托于专业市场的发展,通过市场的需求引导和辐射作用,带动周边农户的生产活动,实现农产品的有效流通和价值提升。这种模式的核心在于专业市场的建设和运营,以及市场与农户之间的紧密合作。

特点

- **市场需求导向**：专业市场根据市场需求来引导农户生产，确保农产品的供需平衡。
- **集中交易**：专业市场提供集中的交易平台，便于农户销售产品，降低交易成本。
- **信息集散地**：市场成为信息的集散地，农户可以获取最新的市场动态、价格信息和消费趋势。
- **增值服务**：专业市场提供加工、包装、物流等增值服务，提升农产品的附加值。
- **风险分散**：市场通过建立稳定的销售渠道，帮助农户分散市场风险。

市场带动型模式通过专业市场的建设和有效运营，为农户提供了一个稳定可靠的销售平台，同时也促进了农产品的市场化、专业化和品牌化，有助于提升整个农业产业链的效益。

四 合作经济组织带动型（农民专业合作社或专业协会 + 农户）

合作经济组织带动型（农民专业合作社或专业协会 + 农户）是一种农业产业化经营模式，它通过农民专业合作社或专业协会这样的合作经济组织来带动农户参与到更广泛的市场活动中。这种模式强调成员间的合作与互助，共同应对市场风险，提升整体竞争力。

特点

- **成员合作**：农户作为合作经济组织的成员，共同出资、共同经营、共享收益。
- **民主管理**：合作经济组织实行民主管理，成员有平等的表决权，管理决策透明。
- **风险共担**：成员共同承担经营风险，通过集体力量增强抗风险能力。
- **利益共享**：经营所得按照成员的出资比例或业务交易量进行分配。
- **服务提供**：合作经济组织为成员提供技术指导、市场信息、农资采购等服务。
- **规模经营**：通过合作，实现规模化生产，降低成本，提高效率。

合作经济组织带动型模式有助于提升农户的市场地位，通过集体行动解决个体农户难以解决的问题，如市场准入、质量控制、品牌建设等，从而提高农产品的市场竞争力和农户的收入水平。

五 科技带动型（科研单位＋农户）

科技带动型（科研单位＋农户）模式是一种以科技创新为核心，通过科研单位与农户的合作，将科研成果转化为农业生产力，提高农业生产效率和产品质量的农业发展模式。这种模式强调科技在农业发展中的支撑作用，促进农业现代化和可持续发展。

特点

- **科技支撑**：科研单位提供先进的农业技术和管理方法，支持农户进行科学种植和养殖。
- **成果转化**：科研成果在农户中得到应用，实现科研成果的快速转化和推广。
- **培训与指导**：科研单位对农户进行技术培训，提供现场指导，确保技术的正确应用。
- **创新驱动**：鼓励农户采用新技术、新方法，提高农业生产的创新能力。
- **风险降低**：通过科技手段提高农业生产的抗风险能力，减少自然灾害和市场波动的影响。

科技带动型模式通过科研单位与农户的紧密合作，不仅提升了农户的科技应用能力，还促进了农业科技成果的转化和推广，有助于提高农业生产的整体水平和竞争力。

六 主导产业带动型（主导产业＋农户）

主导产业带动型（主导产业＋农户）模式是一种以某一个或几个具有较强市场竞争力和区域特色的主导产业为核心，通过这些产业的辐射和带动作用，促进农户参与到产业链中，实现农业增效和农民增收的农业发展模式。这种模式强调产业链的延伸和价值链的提升，以及产业集群效应的发挥。互相之间的经济利益是靠市场交换联系起来的，实现了各自的经济利益。

特 点

产业选择：选择具有地方特色、市场需求大、经济效益好的产业作为主导产业。

产业链整合：围绕主导产业构建完整的产业链，包括原料生产、加工、销售等环节。

集群效应：通过产业集群发展，形成规模经济，提高整体竞争力。

农户参与：农户通过种植、养殖、加工等方式参与到主导产业中，成为产业链的一部分。

利益共享：建立合理的利益分配机制，确保农户能够从产业发展中获得收益。

主导产业带动型模式能够有效地将小规模的农户与大市场连接起来，通过产业链的延伸和产业集群的形成，提升整个区域的农业竞争力，促进农村经济的全面发展。

第三节　农业产业化经营的运行机制

一　龙头企业带动型（公司＋基地＋农户）

特 点

合同生产：龙头企业与农户签订生产合同，明确种植或养殖的品种、数量、质量标准、收购价格等。

技术指导：龙头企业向农户提供种植养殖技术培训和现场指导，确保生产过程符合标准。

农资供应：龙头企业统一供应种子、肥料、农药等农资，保证生产资料的质量。

产品回收：龙头企业负责回收农户生产的产品，进行加工和销售，形成稳定的销售渠道。

利润分配：根据合同约定，将产品销售后的利润按照一定比例分配给农户。

风险管理：龙头企业通过市场调研和风险评估，帮助农户规避市场风险，必要时提供风险补偿。

二 中介组织带动型(中介组织+农户)

特点

- **技术培训与指导**:中介组织为农户提供种植、养殖、加工等方面的技术培训和现场指导。
- **信息服务**:提供市场信息、价格动态、政策导向等信息服务,帮助农户做出更好的生产和销售决策。
- **农资供应**:中介组织可能为农户提供种子、肥料、农药等农资,确保生产资料的质量。
- **产品收购与销售**:中介组织负责收购农户的产品,并帮助其销售,有时还包括产品的初加工和品牌建设。
- **金融服务**:提供或协助农户获得贷款、保险等金融服务,降低农户的资金压力。
- **法律支持**:为农户提供法律咨询和支持,保护其合法权益。
- **利益分配**:与农户建立合理的利益分配机制,确保农户能够分享到产品销售的利润。

三 市场带动型(专业市场+农户)

特点

- **市场建设**:投资建设或改造升级专业市场,提供良好的交易环境和设施。
- **订单农业**:市场运营方与农户签订订单,明确产品规格、质量要求和收购价格。
- **质量监管**:市场对农产品进行质量检测和监管,确保产品质量符合标准。
- **物流配送**:市场提供物流配送服务,将农产品快速送达消费者或下游加工企业。
- **信息服务**:市场定期发布市场信息,包括价格行情、供需信息等,供农户参考。
- **技术培训**:市场组织技术培训,提升农户的生产技能和市场适应能力。
- **金融服务**:市场可能与金融机构合作,为农户提供贷款、保险等金融服务。
- **品牌建设**:市场推动农产品品牌建设,提升产品知名度和市场竞争力。

四 合作经济组织带动型（农民专业合作社或专业协会+农户）

特点

- 组织建设：农民专业合作社或专业协会明确目标、经营范围和成员权利义务。
- 成员招募：招募农户加入，形成稳定的生产和经营团队。
- 统一服务：为成员提供统一的技术服务、农资采购、产品销售等服务。
- 标准化生产：制定生产标准和操作规程，确保产品质量和安全。
- 市场开拓：组织负责产品的市场推广和销售，建立稳定的销售渠道。
- 利润分配：根据合作社或协会的盈余分配政策，将利润分配给成员。
- 风险管理：通过集体谈判、合同农业等方式，降低市场风险。
- 知识共享：组织成员间的技术交流和经验分享，提升整体生产技能。
- 法律支持：为成员提供法律咨询和支持，保护成员的合法权益。

五 科技带动型（科研单位+农户）

特点

- 合作建立：科研单位与农户建立合作，签订合作协议，明确双方的权利和义务。
- 技术研发：科研单位根据农业生产的实际需求，开展技术研发和创新。
- 技术培训：科研单位组织技术培训，向农户传授新知识、新技术。
- 示范推广：建立示范基地，展示新技术的应用效果，带动农户广泛采用。
- 现场指导：科研人员深入田间地头，为农户提供技术指导。
- 信息服务：提供市场、政策信息等，帮助农户做出更好的生产决策。
- 质量监控：科研单位协助农户建立质量管理体系，确保农产品质量。
- 风险评估：科研单位进行风险评估，提供防范自然灾害和市场风险的建议。

六　主导产业带动型(主导产业+农户)

特点

- **产业规划**：地方政府或行业协会进行产业规划，明确主导产业的发展方向和目标。
- **政策支持**：政府提供政策支持，如财政补贴、税收优惠、信贷支持等，促进主导产业的发展。
- **技术引进与创新**：引进先进的生产技术和管理经验，鼓励产业技术创新。
- **市场开拓**：建立稳定的销售渠道，开拓国内外市场，提升产品知名度。
- **农户培训**：对农户进行技术培训和市场知识教育，提高其参与产业链的能力。
- **订单农业**：通过订单农业等方式，确保农户产品的稳定销售和合理收益。
- **风险管理**：建立风险防范机制，如农业保险、价格保障等，降低农户的生产风险。
- **利益联结**：通过合同、合作社、联合体等形式，建立农户与企业之间的利益联结机制。

农业产业化经营的运行机制是指在现代农业生产中，通过构建以市场为导向、以经济效益为中心的产业组织形式，实现农业生产的专业化、规模化、集约化和社会化服务的过程。

第四节　新技术及农村资源应用

一　农用装备管理

管理农用装备是提高农业生产效率和降低运营成本的关键环节。

采购与投资规划

需求分析：根据农业生产的实际需求，合理规划所需装备的种类和数量。

成本效益分析：采购前进行成本效益分析，确保投资带来的效益大于成本。

质量与性能：选择性能可靠、耐用、维修方便的农用装备。

维护与保养

定期维护：制订维护计划，定期对农用装备进行检查、清洁和润滑。

故障预防：通过预防性维护减少故障发生，延长装备使用寿命。

维修记录：记录每次维修的日期、问题和解决方案，以便追踪和分析。

操作培训

操作规程：确保操作人员了解并遵守操作规程，避免不当操作导致的损坏。

定期培训：对操作人员进行定期培训，提高其操作技能和安全意识。

存储与管理

适当存储：为农用装备提供适当的存储条件，如防雨、防晒、防潮等。

库存管理：对备件和工具进行库存管理，确保需要时能够及时更换。

安全管理

安全检查：定期进行安全检查，确保农用装备没有安全隐患。

应急准备：准备应急工具和备件，以便在发生故障时能够快速响应。

性能监控

性能跟踪：监控农用装备的运行性能，及时发现性能下降的迹象。

效率评估：定期评估农用装备的使用效率，考虑是否需要升级或更换。

财务管理

成本记录：记录农用装备的购买成本、运行成本和维护成本。

投资回报：评估农用装备给农业生产带来的收益，确保投资合理。

技术更新

技术升级：关注新技术的发展，适时对农用装备进行技术升级。

环保要求：确保农用装备的使用符合环保要求，减少对环境的影响。

二 应用新技术

在农业中应用新技术时，需要注意以下几个关键问题：

关键问题

- 技术适应性：确保所选技术适合当地的农业生产条件，包括土壤类型、气候条件、作物种类等。
- 成本效益分析：评估新技术的投入成本与预期收益，确保技术应用的经济可行性。
- 技术培训：为农民和农业工作者提供充分的技术培训，确保他们能够正确掌握和应用新技术。
- 基础设施支持：确保有足够的基础设施支持新技术的应用，如电力供应、网络连接、存储设施等。
- 环境影响：评估新技术对环境的潜在影响，包括对土壤、水源、生物多样性的影响，确保技术应用的可持续性。
- 社会接受度：考虑新技术在当地社区的接受程度，包括文化因素、传统习惯等，确保技术应用的社会兼容性。
- 政策和法规：了解与新技术应用相关的政策和法规，确保技术应用的合法性。
- 风险管理：识别与新技术应用相关的风险，制定相应的风险管理计划和应急预案。
- 数据安全和隐私：在使用涉及数据收集和处理的新技术时，确保数据的安全和农户的隐私权。
- 技术推广和扩散：制订有效的技术推广计划，确保新技术能够被广泛接受和应用。
- 后期维护和服务：考虑新技术的长期维护和服务支持，确保技术能够持续有效地运行。
- 监测和评估：建立监测和评估机制，定期检查新技术的应用效果，以便及时调整和优化。

通过综合考虑这些因素，可以更有效地将新技术应用于农业，提高农业生产效率，增加农民收入，同时保护环境和促进农业的可持续发展。

三 农产品加工

农产品加工是指将农产品通过物理或化学方法转化为食品、饲料、工业原料等其他形式的过程。这一过程通常包括清洗、分类、切割、烹饪、冷冻、干燥、发酵、提炼等步骤，旨在提高农产品的附加值，延长保质期，改善产品品质，满足消费者的多样化需求。

农产品加工的主要目的：

加工目的

- **增加附加值**：通过加工，可以将原始农产品转化为更高价值的产品，提高经济效益。
- **延长保质期**：加工可以杀死或抑制微生物生长，减少农产品的腐败和变质，延长产品的货架期。
- **改善口感和营养**：加工可以改善农产品的口感、外观和营养价值，使其更适合消费者的口味和健康需求。
- **便于储存和运输**：加工后的农产品体积小、重量轻，更易于储存和长途运输。
- **满足特定需求**：加工可以根据特定的市场需求生产特殊用途的产品，如有机食品、低脂食品等。
- **促进农业产业链发展**：农产品加工是连接农业生产和市场消费的重要环节，有助于形成完整的农业产业链。

农产品加工级别：

加工级别

- **初级加工**：如清洗、削皮、切割、冷冻等，基本不改变农产品的内在品质。
- **中级加工**：如制作罐头、腌制、烘焙等，通过一定的加工工艺改变农产品的部分性质。
- **高级加工**：如提炼植物油、生产果汁浓缩物、生物工程等，通常涉及复杂的技术和设备。

农产品加工对于提升农业竞争力、促进农村经济发展、增加农民收入等方面具有重要意义。同时，它也是食品工业和农业现代化的重要组成部分。

四 乡村休闲旅游业主要依靠的资源

乡村休闲旅游业的发展主要依靠以下几类资源：

- 资源
  - 自然资源
    - 风景名胜：山脉、河流、湖泊、森林、海滩等自然景观。
    - 气候条件：适宜的气候，如温暖的冬季、凉爽的夏季。
    - 生物多样性：野生动植物、生态保护区、植物园、动物园等。
  - 农业资源
    - 农田景观：耕地、果园、茶园、葡萄园等农业生产区域。
    - 农产品：新鲜的水果、蔬菜、粮食、畜牧产品等。
    - 农业体验：农事活动、农产品加工、农业技术展示等。
  - 文化资源
    - 历史遗迹：古迹、遗址、传统村落、古建筑等。
    - 民俗文化：传统节日、民间艺术、传统手工艺等。
    - 乡村生活：传统农耕生活、乡村习俗、乡土风情等。
  - 社会资源
    - 社区参与：当地居民提供导游、住宿、餐饮等服务。
    - 社会组织：合作社、旅游协会、文化团体等组织。
    - 公共服务：交通、卫生、安全、信息等基础设施和服务。
  - 经济资源
    - 投资资金：政府投资、私人投资、金融贷款等资金支持。
    - 市场渠道：旅游产品的销售渠道和市场推广。
    - 商业设施：酒店、民宿、餐饮、购物、娱乐等商业服务设施。
  - 人力资源
    - 专业人才：旅游管理、导游服务、市场营销等专业人才。
    - 当地劳动力：提供住宿、餐饮、维护等服务的当地居民。
  - 信息资源
    - 旅游信息：旅游指南、在线平台、社交媒体等信息渠道。
    - 市场信息：游客需求、市场趋势、竞争对手等信息。

乡村休闲旅游业的发展需要综合利用这些资源，通过科学规划和有效管理，实现资源的可持续利用，同时为游客提供丰富多样的旅游体验。在开发过程中，应注重保护生态环境，尊重和传承乡村文化，促进当地经济发展，实现社会、经济和环境的和谐统一。

五 常见的乡村休闲旅游业项目

乡村休闲旅游业是近年来快速发展的领域，它结合了农业、文化和旅游业的特点，为游客提供了丰富的休闲体验。

农家乐

提供农家菜餐饮服务，让游客体验地道的乡村美食。提供住宿服务，让游客体验乡村生活。

采摘园

开放果园、菜园供游客采摘新鲜水果和蔬菜。举办水果节、蔬菜节等季节性活动。

农业体验

让游客参与播种、收割、加工等农事活动。提供制作传统食品的体验，如磨豆腐、打年糕等。

生态农场

展示有机农业、生态养殖等可持续农业模式。提供自然教育和环境教育活动。

乡村民宿

改造传统民居或新建特色住宿设施。提供宁静的乡村环境和贴心的服务。

乡村旅游

开发乡村徒步、骑行、骑马等旅游线路。举办乡村摄影、写生等文化活动。

乡村文化体验

展示和传承乡村的传统手工艺，如编织、陶瓷、刺绣等。举办传统节日庆典、民俗活动。

乡村度假村

结合自然景观和乡村特色，提供高端休闲度假服务。提供水疗（SPA）、瑜伽、康体等休闲项目。

农业公园

结合农业生产和休闲娱乐，建立以农业为主题的公园，可设教育园区、儿童游乐区等。

乡村美食节

定期举办以当地特色美食为主题的节日活动，吸引游客品尝和学习乡村美食制作。

乡村艺术村

吸引艺术家入驻，开展艺术创作和展览。举办艺术节、音乐会等文化活动。

生态保护区

保护乡村的自然生态环境。提供观鸟、野生动植物观察等生态旅游项目。

这些项目不仅为游客提供了丰富的休闲体验，也有助于推动当地经济发展、保护乡村文化和促进农业可持续发展。

六 规划设计休闲农业项目关键点

规划设计休闲农业项目，需要考虑多方面以确保项目的成功和可持续性。

市场研究

了解目标市场和潜在客户的需求，包括对休闲农业的偏好、消费能力。分析竞争对手的成功经验和市场定位。

地理位置和交通

选择具有旅游潜力的地点，考虑自然景观、文化遗产、地理位置等因素。

确保交通便利，方便游客到达。

资源和环境

保护和利用当地的自然资源和文化遗产，如山水、森林、古迹等。

注重生态保护，确保项目与自然环境和谐共生。

项目主题和特色

确定项目的主题和特色，如农家乐、生态农场、农业体验园等。

设计独特的体验活动，如采摘、农事体验、手工艺制作等。

基础设施和服务设施

规划必要的基础设施，如道路、停车场、卫生设施、餐饮服务等。

设计舒适的住宿设施，如乡村酒店、民宿、露营地等。

安全和卫生

确保游客的安全，包括食品安全、设施安全、紧急救援等。

提供清洁卫生的环境，包括垃圾处理、污水处理等。

管理和运营

制订有效的管理和运营计划，包括人员培训、财务管理、市场营销等。与当地社区合作共享发展成果。

法律法规遵守

了解并遵守相关的法律法规，包括土地使用、环境保护、旅游管理等。

获取必要的许可证和执照。

投资和财务计划

制订详细的投资预算和财务计划，确保项目的经济效益。考虑项目的长期投资回报和风险管理。

可持续发展

采用可持续的发展模式，如有机农业、循环经济等。促进当地经济和社会发展，提高农民收入。

第五节 人事管理

一 人员招聘

进行人员招聘时，需要考虑到农村地区的特殊情况和可用资源。

明确岗位需求

确定创业项目需要哪些岗位，包括职责、技能要求、工作经验等。

制定详细的岗位描述和任职资格，为招聘提供明确指导。

利用本地资源

通过村委会、乡镇政府、农村合作社等当地机构发布招聘信息。

利用当地的集市、庙会等活动机会，进行现场招聘。

网络平台招聘

利用互联网平台，如招聘网站、社交媒体、在线论坛等发布招聘信息，也可以使用短信、微信等方式传播招聘信息。

培训与发展

提供培训机会，吸引那些愿意学习新技能的求职者。

强调职业发展路径和晋升机会，增加职位的吸引力。

灵活工作安排

考虑到农村劳动者的特殊性，提供灵活的工作时间和条件。

可以提供季节性工作、兼职或远程工作等多样化的工作形式。

宣传企业愿景

强调创业项目的社会价值和长远目标，吸引有共同价值观的人才。

展示企业的发展潜力和未来愿景，激发求职者的参与热情。

面试与评估

组织面试，评估求职者的技能和适应性。考虑进行实地操作测试，了解求职者的实际工作能力。

法律法规遵守

确保招聘过程遵守当地的劳动法律法规。提供合法的劳动合同，明确双方的权利和义务。

二 签订劳务合同，有效规避风险

农村创业招聘时签订劳务合同是保障双方权益的重要法律手段，可有效规避风险，同时保障企业和劳动者的合法权益。

明确合同内容

必备条款：确保合同中包含劳动合同法规定的必备条款，如合同期限、工作内容、工作地点、劳动报酬、社会保险、劳动保护、劳动条件和职业危害防护等。

约定条款：根据实际需要，约定试用期、培训内容、保密协议、竞业限制等条款。

及时签订合同

签订时间：根据《中华人民共和国劳动合同法》规定，用人单位与劳动者建立劳动关系之日起一个月内应签订书面劳动合同。

合同期限：明确合同的有效期限，包括固定期限、无固定期限和以完成一定工作任务为期限的合同。

避免违法收取行为

禁止收取：不得扣押劳动者的居民身份证和其他证件，不得要求劳动者提供担保或以其他名义向劳动者收取财物。

押金问题：如果提供住宿，可以合法收取住宿押金，但需明确金额和退还条件。

强化内部管理

入职审查：对招聘人员进行严格的背景审查，包括身份、品行、专业技能等。

规章制度：在合同中明确劳动者已了解并同意遵守公司的规章制度。

保密及竞业限制

保密条款：在合同中加入保密条款，明确劳动者对商业秘密的保护义务。

竞业限制：关键岗位可以约定竞业限制条款，限制在一定期限内从事竞争业务。

解除或终止合同

解除条款：明确合同解除的条件和程序，包括提前通知期限、违约金等。

终止条款：规定合同终止的条件，如工作任务完成、合同期满等。

建立职工名册

记录备查：建立职工名册，记录劳动者的基本情况及劳动关系运行情况，以备劳动行政部门查看。

购买商业保险

风险转移：为避免员工不当行为可能给公司造成的损失，可以考虑购买商业保险。

签订劳务合同是一个法律行为，务必认真对待，确保合同的每一项条款都符合法律规定，并得到双方的充分理解和同意。

三 制定合理的薪酬标准

农业企业制定合理的薪酬标准是吸引和留住人才、激励员工、提高工作效率的重要手段。

市场调研

行业标准：了解同行业、同地区的薪酬水平，确保企业的薪酬有竞争力。

职位评估：对不同职位的工作内容、责任、技能要求进行评估，确定各个职位的薪酬范围。

内部公平性

岗位价值：根据岗位对企业的贡献和重要性，合理设定薪酬水平。

绩效考核：建立绩效考核体系，将员工的薪酬与其工作表现挂钩。

薪酬结构

基本工资：设定合理的基本工资水平，确保员工的基本生活需求。

奖金与激励：设立绩效奖金，激励员工的工作积极性和创新能力。

福利待遇：提供社会保险、餐饮补贴等福利，增加员工的满意度和忠诚度。

薪酬策略

短期与长期：平衡短期薪酬（如工资、奖金）与长期激励（如股权激励、职业发展机会）。

灵活性：考虑薪酬的灵活性，如提供灵活的工作时间、远程工作选项等，作为薪酬的一部分。

法律法规遵守

最低工资标准：确保薪酬体系符合国家和地方的最低工资标准。

劳动法规定：遵守相关的劳动法律法规，确保员工的合法权益。

定期评估与调整

市场变化：定期根据市场变化和企业发展情况，调整薪酬标准。

员工调查：通过员工满意度调查了解薪酬体系的实际效果，及时进行优化。

通过上述措施，农业企业可以建立一个既公平合理又具有竞争力的薪酬体系，吸引和留住人才，提高员工的工作积极性和企业的整体竞争力。同时，合理的薪酬标准也有助于企业实现长期的可持续发展。

第六节 财务管理

一 收入的管理

收入是指一定时期内销售商品、提供劳务及让渡资产使用权等日常经营活动，以及行政管理、服务职能所形成的经济利益的总流入。要合理安排企业生产经营，不断增加收入，及时确认、确保预算收入的实现。

1.收入的性质与界限

经营活动性质

经营收入：来源于农村企业的主要业务活动，如农产品销售、加工服务、旅游服务等。

投资收益：来自对外投资的分红、利息收入等。

补助收入：政府给予的经营性补助资金、贷款贴息等。

收入来源的合法性

合法性：所有收入来源于合法渠道，不得有违反法律法规的收入，如偷税漏税、非法经营等不合法收入。

合规性：收入需按规定缴纳相应的税费，按照《农村集体经济组织会计制度》等相关会计制度进行收入的确认、计量和报告。

收入的界限

收入与费用的区分：收入与在经营过程中发生的成本和费用需明确区分。

公益支出的界定：用于集体福利或成员福利的支出应从收入中合理划分，确保公益支出的透明和合理性。

监督管理

财务监督：建立健全的财务监督制度，包括财务预决算、开支审批、财产清查、收益分配等。

审计制度：加强对财务活动的审计制度，确保收入的合法合规。

2.正确计价和确认收入

农村企业正确计价和确认收入的方法需要遵循相关的会计准则和制度，农村企业只有确保收入的正确计价和确认，才能真实、完整地反映企业的经营成果，为决策者提供可靠的财务信息。同时，这也有助于企业遵守相关法律法规，维护企业和股东的利益。

正确计价确认收入

- **遵守会计制度**：农村企业应遵循《农村集体经济组织会计制度》等相关会计制度，确保收入的确认、计量和报告符合规定。
- **确认收入的原则**：收入应在日常活动中形成，导致所有者权益增加，并且与成员投入资本无关的经济利益流入。
- **经营收入的确认**：包括销售产品、提供劳务、让渡集体资产资源使用权等经营活动取得的收入。应当根据合同或协议约定，在产品物资已经发出、劳务已经提供，同时收讫价款或取得收款凭据时，确认销售收入和劳务收入。
- **投资收益的确认**：对外投资所取得的现金股利、利润或利息等计入投资收益。处置对外投资时，将处置价款扣除其账面价值、相关税费后的净额，计入投资收益。
- **补助收入的确认**：指获得的政府给予的保障村级组织和村务运转的补助资金以及贷款贴息等经营性补助资金。应当按实际收到的金额确认补助收入。
- **其他收入的确认**：包括盘盈收益、确实无法支付的应付款项、存款利息收入等。农村集体经济组织应当于收入实现时确认其他收入。
- **收入计量**：收入应按照实际发生的交易或事项为依据进行计量，如实反映其财务状况和经营成果。
- **会计期间**：收入的确认应与会计期间相匹配，即收入应在相关会计期间内确认。
- **税法规定**：在确认收入时，还需考虑税法的相关规定，确保收入的税务处理符合法律要求。
- **会计报表附注**：在编制会计报表时，应通过附注对收入的性质、计量基础、确认条件等进行详细说明，以提高会计信息的透明度和可理解性。

二 支出的管理

1.支出管理

农村企业支出的管理是确保企业财务健康和提高经营效率的重要环节。

支出管理

- **制定预算**：根据企业的经营计划和目标，制定详细的年度和季度预算，明确各项支出的限额和优先级。
- **分类管理**：将支出分为经营支出、管理费用、公益支出、其他支出等类别，实行分类管理，确保每一项支出都有明确的用途和标准。
- **成本控制**：通过成本核算，对生产成本、劳务成本等进行严格控制，减少不必要的浪费，提高资源利用效率。
- **审批流程**：建立健全的支出审批流程，对大额支出实行多层审批，确保支出的合理性和必要性。
- **财务监督**：定期进行财务审计和监督，确保支出的合规性和效益性，及时发现和纠正财务管理中的问题。
- **账务处理**：对所有支出进行准确记账，确保账目的清晰和准确，便于财务分析和决策。
- **支出分析**：定期对支出情况进行分析，评估各项支出的效益，为未来的支出决策提供依据。
- **税务规划**：合理规划税费支出，确保符合税法规定，避免因税务问题导致的额外支出。
- **信息化管理**：利用财务软件等信息化工具，提高支出管理的效率和准确性，实现实时监控和动态管理。
- **风险管理**：识别和评估与支出相关的潜在风险，制定相应的风险管理措施，如建立应急基金、购买保险等。

通过上述措施，农村企业可以有效地管理支出，保障企业的财务安全，提高资金使用效率，促进企业的可持续发展。同时，良好的支出管理也有助于提升企业的透明度和信誉，增强投资者和合作伙伴的信心。

2.支出分类

支出是指在一定时期内，从事生产经营和管理服务等日常活动中发生的经济利益的流出，主要包括成本、经营支出、管理费用和其他费用支出等方面。

成本的管理

成本是指为生产产品或提供劳务而发生的各种消耗，包括农产品成本、工业产品成本和对外提供的劳务成本。

成本核算对象主要包括农产品、工业产品和对外提供的劳务。要按照“谁受益，谁负担”的原则，进行费用的分配，正确计算各种产品和劳务的成本。应加强成本的核算与管理，控制非生产费用开支，努力降低生产中各种耗费，提高管理水平，待产品销售后按配比原则，从销售收入中补偿成本消耗。

经营支出的管理

经营支出，是指因销售商品、农产品、对外提供劳务等活动而发生的实际支出，包括销售商品或农产品的成本、销售牲畜或林木的成本、对外提供劳务的成本、运输费、修理费、保险费、产役畜的饲养费用及其成本摊销、经济林木投产后的管护费用及其成本摊销等。

对经营支出进行管理，还必须严格执行配比原则，及时取得经营收入，与经营支出相配比，补偿生产经营中的各种消耗。

管理费用的管理

管理费用，是指企业管理活动发生的各项支出，包括管理人员的工资、办公费、差旅费、管理用固定资产折旧费、维修费等。

要加强对管理费用的管理，降低人员经费开支；实行费用预算管理，明确开支标准和开支范围，尽量减少费用开支；建立健全严格审批制度，按权限审批，分级审核等，积极采取措施，堵塞管理中的漏洞，把开支压缩到最低限度。

其他费用支出的管理

其他费用支出，是指经营支出和管理费用以外的其他各项支出，包括固定资产及产品物资的盘亏净损失、固定资产清理净损失、利息支出、坏账损失、罚款支出以及转让无形资产摊余价值等。

其他费用支出项目比较繁杂，容易发生支出数额控制不当、无标准乱开支和不合理开支等漏洞，必须加以严格控制，加强监督检查，防患于未然。

三 利润分配的管理

1.企业利润的计算

农村企业全年利润总额按照下列公式计算：

利润总额 = 经营利润 + 补助收入 + 其他收入 − 其他支出

式中：经营利润 = 经营收入 + 投资利润 − 经营支出 − 管理费用。

投资利润是指投资所取得的利润扣除发生的投资损失后的数额。投资利润包括对外投资分得的利润、现金股利和债券利息以及投资到期收回或者中途转让取得款项高于账面价值的差额等。投资损失包括投资到期收回或者中途转让取得款项低于账面价值的差额。

2.利润分配的基本项目

（1）弥补以前年度亏损。农村企业经营中发生的亏损应当弥补。弥补亏损可以分为2种不同的情况：税前弥补和税后弥补。按照规定，农村企业年度亏损，可以由下一年度的税前利润（利润总额）弥补，下一年度税前利润尚不足以弥补的，可以用以后年度的利润继续弥补，但用税前利润弥补以前年度亏损的连续期限最长不得超过5年。税前利润未能弥补的亏损，只能由企业的税后利润（净利润）弥补。税后利润弥补亏损的资金主要是未分配利润，注册资本不能用于弥补亏损。

（2）向投资人进行利润分红。这是农村企业由于吸收外来投资而给外来投资者进行的利润分配。

（3）未分配利润。这是农村企业在年度利润分配过程中留存企业的利润部分。未分配利润可以并入以后年度利润一起向投资人进行分配。

3.对投资人进行利润分红的政策

农村企业向投资人分配利润的多少受企业的经营环境、经营方针、投资人要求等多方面因素的影响，各个企业的分配政策不尽相同。农村企业可以向投资人分配利润的政策主要有4种。

（1）剩余利润分红政策。当企业有利润较高的投资机会或因扩大生产经营规模需要较多的资金时，将企业的税后可分配利润首先用作内部融资，在满足投资需要后，剩余利润部分用于向投资人分红。剩余利润分红政策实际上是将利润分配作为投资机会的因变量，目的是降低筹资成本，优化资本结构。剩余利润分红政策一般适用于企业初创和衰退时期采用。

（2）稳定的利润分红政策。稳定的利润分红是指支付给投资人的利润不随盈利的增减变化而变化。换句话说，不管企业盈利多少，向投资人分配的利润数额总是维持在某一特定水平上。即使某些情况下有所调整，调整的幅度也很小。稳定的利润分红政策，传递给投资人一个企业经营稳定的信息，有利于增强投资者对企业的信赖，树立良好的企业形象。稳定的利润分红政策一般适用于经营比较稳定或正处于成长期、信誉一般的企业，但该政策很难被长期使用。

（3）变动的利润分红政策。变动的利润分红是指企业支付给投资人的利润随企业利润的多少而进行相应的调整。变动的利润分红政策，虽然能使投资人分配的利润与企业利润结合起来进行考虑，但还是给人以不安全的感觉。变动的利润分红政策适用于稳定发展的农村企业和农村企业财务状况较稳定的阶段。

（4）正常加额外利润分红政策。这种政策是介于稳定的利润分红政策和变动的利润分红政策之间的一种向投资人分配利润的政策。企业一般每年按一个固定数额向投资人支付正常应分利润，当企业利润有较大幅度增加时，再根据实际情况向投资人加付一部分额外的应分利润。这种利润分红政策，既能保持投资人利润的稳定，又能实现向投资人分配利润和企业自留利润之间较好的平衡。正常加额外利润分红政策一般适用于企业高速发展阶段。

第六章

农产品市场营销

口袋电子书
热点广播台
案例精选库
创业实训营

“码上”查看

第一节 农产品的市场定位

一 影响市场价格的因素

影响市场价格的因素众多，涉及供需关系、生产成本、市场竞争、政策法规等多个方面。

供需关系

需求变化： 消费者对某一商品或服务的需求增加，通常会导致价格上涨；需求减少则可能导致价格下降。

供给变化： 生产者提供的商品或服务数量增加，可能导致价格下降；供给减少则可能推高价格。

生产成本

原材料价格： 原材料成本上升会提高生产成本，可能导致产品价格上涨。

劳动力成本： 工资水平的变化直接影响生产成本。

技术进步： 技术的提升可以降低生产成本，可能导致价格下降。

市场竞争

竞争程度： 竞争激烈的市场可能导致价格下降，而垄断或寡头市场可能导致价格上升。

品牌影响力： 强势品牌可能因为其品牌价值而能够设定更高的价格。

政策法规

税收政策： 税率影响商品价格。

贸易政策： 关税、进出口配额等政策会影响进口商品的价格。

价格管制： 政府对某些商品实行价格管制，如设定最高或最低价格。

消费者偏好

消费者偏好变化： 消费者对商品的偏好改变会影响其购买意愿，进而影响价格。

宏观经济环境

通货膨胀： 货币贬值导致价格上涨。

经济周期： 经济增长放缓或衰退可能导致需求下降，价格下跌。

二 产品定价策略

定价是一个复杂的过程，需要企业根据自身的经营目标、市场定位、成本结构和外部环境等因素综合决策。

定价策略
- **成本加成定价**：基于生产成本加上一定比例的利润来设定价格。
- **市场导向定价**：根据市场条件和竞争对手的价格来设定自己的价格。
- **价值定价**：根据消费者对产品或服务感知的价值来定价。
- **心理定价**：利用消费者心理，如设定价格为9.99元而不是10元。
- **渗透定价**：初期设定较低的价格以吸纳顾客，占领市场之后逐步提价。
- **高低定价**：根据产品的不同版本或服务的不同层次设定不同的价格。

三　农产品营销渠道

农产品的营销渠道多种多样，根据农产品的特性、目标市场和销售策略进行选择和组合，以实现最佳的市场覆盖和销售效果。随着互联网和电子商务的发展，线上渠道在农产品营销中扮演着越来越重要的角色。

批发市场

传统的农产品销售渠道，农产品从产地流转到集散地，再通过农贸市场、餐饮店等最终到达消费者手中。主要销售大宗农产品，如蔬菜、水果等。

商超（超市、便利店）

规模化、连锁化的零售终端，适合品牌类产品的销售。商超通常要求较高的进入门槛，对运营能力和组织化要求较高。

餐饮业

农产品直接供应给餐馆、酒店等餐饮场所，是农产品销售的重要渠道之一。

电商平台

综合电商如淘宝、京东，以及农产品电商平台如惠农网、拼多多等，通过线上渠道销售农产品，拓宽销售范围。

社区直销

农产品直接在社区内销售给消费者，通常通过社区团购、定期市集等形式进行。

合作社和农民市场

农民合作社组织成员直接销售农产品，农民市场则是农民自发组织的销售场所。

直播带货

利用直播平台进行农产品的销售，通过直播展示产品，吸引消费者购买。

社交媒体营销

通过微信、微博等社交媒体平台进行农产品的推广和销售。

品牌专卖店

针对特定品牌的农产品开设专卖店，提供品牌化的购物体验。

农产品加工企业

农产品经过加工后，通过加工企业的销售渠道进入市场。

出口贸易

将农产品出口到国外市场，通常需要满足目标市场的质量和安全标准。

政府采购

政府为学校、医院、机关食堂等采购农产品，是农产品销售的一个渠道。

四 农产品市场

农产品产地市场

在农产品专业化、区域化、规模化生产不断发展的基础上，具有较高商品率的农产品产区为大批量集散农产品、稳定农产品市场而建立的批发市场。主要以交易本地农产品为主，是农产品流通体系的重要组成部分。

农产品销地市场

又称为消费地市场或目的地市场，是指农产品从生产地运输到最终消费地区后，进行销售和分销的市场。这类市场通常位于城市或消费集中的地区，是农产品供应链的末端环节，直接面向最终消费者或零售商。

五 农超对接营销模式

农超对接营销模式，即将农产品直接从生产者（农民或农业合作社）供应给超市，省去了传统的中间环节。

减少流通环节

农超对接减少了农产品从田间到消费者手中的中间环节，降低了流通成本。

提高效率

直接对接可以加快农产品的流通速度，缩短产品上市时间，保证产品的新鲜度。

降低损耗

简化的供应链减少了产品在运输和存储过程中的损耗，尤其是对于易腐的生鲜农产品来说尤为重要。

提升农产品质量

超市可以对农产品的生产过程进行监督和指导，确保产品符合质量安全标准。

稳定农民收入

农超对接为农民提供了稳定的销售渠道，有助于规避市场风险，增加收入。

增强市场竞争力

超市可以通过农超对接模式获得稳定且质量可靠的货源，提高市场竞争力。

促进农业现代化

农超对接鼓励农业生产者采用现代化的农业技术和管理方法，推动农业的现代化进程。

满足消费者需求

超市可以根据消费者的需求和偏好，指导农产品的生产，更好地满足市场需求。

降低价格

减少中间环节可以降低产品价格，使消费者能够以更低的价格购买到新鲜农产品。

社会责任

农超对接模式有助于实现农业可持续发展，同时也是零售业履行社会责任的有效方式。

农超对接模式的实施，不仅有利于农业生产者和消费者，也有助于提升整个农产品供应链的效率和质量，促进农业产业的健康发展。

六 社区直销营销模式

社区直销营销模式是指农产品直接在社区内销售给消费者的模式，这种模式通常涉及农产品生产者与消费者之间的直接交易。

减少中间环节

省去了传统供应链中的批发商、零售商等中间环节，降低了流通成本。

新鲜度保证

农产品从田间到消费者手中时间缩短，保证了产品的新鲜度和品质。

价格优势

由于减少了中间环节，消费者可以以更低的价格购买到农产品，同时生产者也能获得更高的收益。

增强消费者信任

直接交易增加了消费者对产品质量的信任，有助于建立长期稳定的客户关系。

及时反馈

生产者可以直接从消费者那里获得反馈，及时调整生产计划和改进产品。

社区参与

社区直销模式鼓励社区居民参与到农产品的购买和消费过程中，增强了社区的凝聚力。

支持本地农业

消费者购买本地农产品，有助于支持当地农民和农业发展，促进农村经济。

环保可持续

减少了长途运输，降低了碳排放，有助于环境保护和可持续发展。

促进农产品创新

直销模式鼓励生产者根据市场需求创新产品，如开发有机农产品、特色食品等。

增加就业机会

社区直销模式可以为社区居民提供销售、管理等相关就业机会。

社区直销营销模式通过简化销售渠道，为消费者提供了更直接、更经济、更可靠的农产品购买方式，同时也为农产品生产者提供了更稳定的销售渠道和更大的利润空间。

第二节 营销技巧

一 农产品配送

农产品配送是指将农产品从生产地运输到销售点或消费者手中的物流过程。这个过程包括了从田间收获、包装、运输、仓储、配送到最终销售地或消费者手中的一系列活动。农产品配送的目的是确保农产品在最短的时间内，以最小的损耗，从生产者传递到消费者，同时保持产品的新鲜度和质量。

特点

- **时效性**：农产品尤其是生鲜产品，如蔬菜、水果、肉类和海鲜等，对时间要求极高，需要快速配送以保持新鲜。
- **温度控制**：许多农产品在运输过程中需要特定的温度条件，如冷藏或冷冻，以防止腐烂和保持品质。
- **包装要求**：为了保护农产品免受损坏和污染，通常需要特殊的包装材料和技术。
- **物流网络**：农产品配送需要有效的物流网络，包括运输工具、仓储设施和配送中心等。
- **可追溯性**：为了食品安全，农产品配送过程中需要有详细的记录，确保产品可追溯。
- **定制化服务**：农产品配送可能需要根据客户的具体需求提供定制化服务，如定时配送、特殊处理等。

农产品配送是农产品供应链中的关键环节，对提高农产品的市场竞争力、满足消费者需求、保障食品安全以及促进农业可持续发展具有重要作用。随着电子商务的发展，农产品的在线销售和配送服务也在不断创新和发展，为消费者提供了更多便利。

二 农产品电子商务

农产品电子商务是指围绕农村的农产品生产、经营而开展的一系列电子化的交易和管理活动。这些活动的特点如下：

特点：

- **农业生产管理**：利用信息技术和网络系统对农业生产过程进行管理和监控。
- **农产品网络营销**：通过互联网平台展示和销售农产品，包括在各种电子商务网站上开设店铺、使用社交媒体营销等。
- **电子支付**：通过电子支付系统完成农产品交易的支付环节，如使用支付宝、微信支付等。
- **物流管理**：涉及农产品的仓储、运输、配送等物流活动，确保产品从生产地高效、安全地到达消费者手中。
- **客户关系管理**：通过电子商务平台维护与客户的关系，包括客户服务、售后支持、市场调研等。

农产品电子商务利用现代信息技术，特别是互联网，为农产品的生产者和消费者提供了一个直接交流和交易的平台，从而简化了传统的供应链，降低了交易成本，提高了交易效率，并且有助于提升农产品的品质和品牌影响力。此外，农产品电子商务还有助于拓宽农产品的销售渠道，促进农村经济的发展，实现农民增收，是推动农业现代化和乡村振兴的重要工具。

三 农产品电子商务的模式

农产品电子商务的模式多样，主要包括以下几种：

C2C模式(Customerto Customer)

个人卖家通过电子商务平台向个人买家销售农产品，如淘宝、京东等平台上的农产品个人店铺。

B2C模式(Businessto Customer)

企业通过自建的电子商务平台或第三方平台向消费者直接销售农产品，如中粮我买网、每日优鲜等。

B2B模式(Businessto Business)

企业间的电子商务交易，包括综合平台和垂直平台，如中国农产品信息网、美菜网等。

C2B/C2F模式(Customerto Business/Farm)

消费者通过电子商务平台向企业或农场预订农产品，通常是会员制模式，如多利农庄等。

F2C模式(Farmto Customer)

农场或生产基地直接通过电子商务平台向消费者销售农产品，省去中间环节。

O2O模式(Onlineto Offline)

结合线上电子商务平台和线下实体店，消费者可以在线下单后到实体店提取或享受服务。

直播电商模式

利用直播平台进行农产品的销售，通过视频直播的方式展示农产品，增加消费者的购买信心和体验。

社区团购模式

通过社区团购平台，组织社区居民一起购买农产品，通常以较低的价格和便捷的配送服务吸引消费者。

农产品期货交易平台

利用网络工具进行农产品期货交易，如大连期货市场和郑州期货市场的农产品期货交易。

这些模式各有特点，能够满足不同消费者和生产者的需求，同时也促进了农产品的销售和农业产业的发展。随着互联网技术的发展和消费者习惯的变化，农产品电子商务的模式也在不断创新和发展。

四 利用微信推销农产品

利用微信推销农产品是一种有效的新媒体营销方式，可以充分利用微信庞大的用户基础和社交网络特性进行推销。

微信公众号运营

内容营销：创建并运营微信公众号，定期发布关于农产品的有趣文章、故事、健康知识等，吸引关注者。

服务功能：利用微信公众号的自定义菜单、自动回复等功能，提供便捷的购买渠道、产品信息查询、客户服务等。

微信小程序

便捷购物：开发微信小程序，为用户提供一站式的浏览、选择、支付等服务。

功能整合：在小程序中整合产品展示、在线支付、订单管理等功能，提升用户体验。

微信群营销

社群建设：建立微信群，邀请潜在客户加入，通过群内互动、讨论、分享等方式，增强用户黏性。

群内活动：在微信群中举办促销活动、团购、限时抢购等，刺激购买欲望。

微信营销活动

节日促销：结合传统节日或特殊日子，推出主题促销活动，吸引用户关注和购买。

用户反馈：鼓励用户分享购买体验和产品评价，通过口碑营销增加信任度。

微信直播

直播带货：利用微信直播功能，展示农产品的种植、采摘、加工过程，增加透明度，建立信任。

互动销售：在直播中回答观众问题，提供专业建议，通过直播的互动性促进销售。

微信文章推广

软文营销：撰写高质量的软文，通过故事化的内容营销，植入农产品信息，吸引读者。

图文结合：使用吸引人的图片和视频，结合文字描述，提高文章的吸引力和传播力。

微信会员管理

会员制度：建立会员体系，通过积分、优惠券、会员日等方式，增加用户忠诚度。

个性化推荐：根据用户的购买历史和偏好，提供个性化的产品推荐和促销信息。

合作伙伴推广

跨界合作：与其他品牌或公众号合作，通过互推、联合营销等方式扩大影响力。

KOL 合作：与微信大号、意见领袖合作，利用其影响力推广农产品。

客户服务	数据分析与优化
客户服务： 及时响应顾客咨询和反馈，提供良好的售后服务，建立良好的品牌形象。 **售后保障：** 明确退换货政策，积极响应用户反馈，不断优化产品和服务。	**用户分析：** 利用微信后台数据分析用户行为，了解用户需求，优化营销策略。 **效果跟踪：** 跟踪营销活动的效果，根据数据反馈调整推广方案。

通过上述方法，可以有效地利用微信平台推销农产品，拓宽销售渠道，提高品牌知名度和销售业绩。同时，要注意遵守微信平台的规则，避免过度营销或发送垃圾信息，以免影响用户体验和品牌形象。

五　怎样开一家淘宝网店？

开设一家淘宝网店涉及多个步骤，包括注册账号、选择店铺类型、完善店铺信息、上传商品等。以下是详细的开店流程：

步骤一　了解淘宝店铺类型

淘宝店铺主要分为个人店铺、企业店铺和天猫店铺。个人店铺适合小规模卖家，企业店铺适合有营业执照的商家，天猫店铺则适合品牌商家，通常要求有品牌授权。

步骤二　注册淘宝账号

访问淘宝官网，点击页面右上角的“免费注册”，填写相关信息（如手机号、设置密码等）完成注册。已有账号的直接登录。

步骤三　实名认证

登录淘宝账号后，进行实名认证。个人店铺需要提供个人身份证信息，企业店铺需要提供营业执照等企业相关资料。

步骤四　开通支付宝

淘宝交易通常通过支付宝进行，因此需要开通支付宝账号，并完成实名认证。

步骤五　选择店铺类型

根据你的商品和经营计划选择合适的店铺类型。个人店铺和企业店铺的开通流程相对简单,天猫店铺则需要更多的资质审核。

步骤六　完善店铺信息

在“卖家中心”中完善店铺信息,包括店铺名称、店铺分类、所在地区、联系方式等。

步骤七　开通店铺

在“卖家中心”选择“我要开店”,按照提示进行操作,上传店铺相关证件和照片,设置店铺的基本信息、运费模板、服务模板等。

步骤八　准备商品

准备商品信息,包括商品名称、价格、描述、图片等。确保商品信息准确且吸引人,符合淘宝平台的规定。

步骤九　发布商品

在“卖家中心”选择“商品管理”,然后选择“我要发布”,按照提示上传商品信息。注意遵守淘宝的商品发布规则。

步骤十　店铺装修

使用淘宝提供的装修工具对店铺进行美化,提升店铺的专业性和吸引力。

步骤十一　推广店铺

新开的店铺需要进行推广,可以通过淘宝直通车、钻石展位等广告服务,或者通过社交媒体、博客等方式吸引流量。

步骤十二　管理订单和客户服务

开店后,要定期管理订单,确保及时发货,提供优质的客户服务,建立良好的店铺信誉。

注意事项

①遵守淘宝的各项规则，避免违规操作。

②关注淘宝平台的最新政策和市场动态，及时调整经营策略。

③保持良好的客户服务态度，积极解决消费者的问题和疑虑。

④定期分析店铺数据，优化商品和营销策略。

六 手机开微店程序

用手机开设微店的程序相对简单，主要包括以下几个步骤：

步骤一 选择微店平台

你需要选择一个微店平台，如微信小店、有赞、微盟等。选择时要考虑平台的知名度、费用、功能、用户基础等因素。

步骤二 注册账号

下载微店平台的官方应用程序（App），按照指引注册账号。通常需要提供手机号码、设置密码，并进行实名认证。

步骤三 完善店铺信息

登录微店平台后，根据要求填写店铺名称、店铺简介、店铺LOGO、联系方式等信息。确保信息准确无误，有助于提升店铺的专业性。

步骤四 设置支付方式

设置店铺的支付方式，通常包括微信支付、支付宝、银行卡等。确保支付方式安全可靠，便于顾客支付。

步骤五 上传商品

上传商品信息，包括商品名称、价格、库存、商品描述、图片或视频等。商品信息应详细准确，图片应清晰美观。

步骤六 装修店铺

利用平台提供的工具对店铺进行装修，包括选择模板、编辑页面布局、设置主题风格等，以吸引顾客并提升购物体验。

步骤七　发布商品

在商品信息填写完整后，发布商品到店铺中。确保所有商品都符合平台的商品发布规则。

步骤八　推广店铺

通过社交媒体、朋友圈、微博、QQ空间等渠道推广你的微店，吸引更多顾客访问和购买。

步骤九　管理订单

及时处理顾客的订单，确保商品能够快速准确地发货，并提供良好的售后服务。

步骤十　监控运营数据

利用微店平台提供的数据分析工具，监控店铺的访问量、销售额、顾客行为等数据，根据数据调整经营策略。

注意事项

①遵守平台规则，不发布违禁商品信息。

②关注顾客反馈，及时优化商品和服务。

③保护顾客隐私，不泄露顾客信息。

④定期更新商品，保持店铺的活力。

开设微店需要不断适应市场变化，优化店铺运营，以实现长期的发展。

七　农产品直播带货

农产品直播带货是一种新兴的农产品营销方式，它利用直播平台的实时互动特性，将农产品直接展示给消费者，从而促进销售。以下是一些关键步骤和策略，帮助农产品通过直播带货取得成功：

步骤一　产品定位和筛选

确定目标消费者群体，根据他们的需求和偏好选择合适的农产品。选择适合直播展示的农产品，优先考虑具有地域特色、新鲜度高、易于运输的产品。

步骤二 直播平台选择

选择适合的直播平台，如淘宝直播、抖音、快手等，考虑平台的用户基础和市场定位。了解平台的直播规则和要求，注册并设置直播间。

步骤三 主播选择和培训

选择具有亲和力和专业知识的主播，如当地的农民、网红或其他公众人物。对主播进行产品知识和直播技巧的培训，确保他们能够有效地展示产品并回答观众问题。

步骤四 直播内容策划

制订直播内容计划，包括直播时间、主题、互动环节等。准备直播脚本，确保直播过程中的信息传递清晰、有序。

步骤五 营销推广

在直播前通过社交媒体、朋友圈、微信群等渠道进行宣传，吸引观众。利用直播平台的推广工具，如直播预告、热门推荐等，增加曝光率。

步骤六 直播互动

在直播过程中，鼓励观众提问和评论，增加互动性。通过抽奖、优惠券、限时折扣等活动刺激观众参与和购买。

步骤七 物流和售后服务

确保农产品的包装和物流配送能够满足直播销售的需求。提供优质的售后服务，处理退换货等问题，建立良好的客户关系。

步骤八 数据分析和优化

收集和分析直播数据，如观看人数、互动量、转化率等。根据数据反馈调整直播策略，优化产品展示和营销活动。

通过以上步骤，可以有效地拓宽销售渠道，提高农产品的知名度和销售额。同时，直播带货也为农民提供了一个新的增收途径，有助于推动乡村振兴和农业现代化。

第三节 农产品品牌创建

一 农产品品牌

农产品品牌是指用于标识特定农产品来源、质量、特性和声誉的名称、术语、标志、设计或其他标识。品牌不仅包括可见的视觉元素，如商标、包装和标签，还包括与产品相关的无形价值，如品牌声誉、消费者感知和市场地位。

农产品品牌的核心目的是区分自家产品与其他竞争产品，传递产品的独特价值和承诺，以及建立消费者的信任和忠诚度。一个成功的农产品品牌能够提升产品的市场认可度，增加产品的附加值，提高农民的收入，并促进农业产业的可持续发展。

二 打造农产品品牌

打造农产品品牌是一个系统工程，涉及品质管理、市场定位、品牌建设、营销策略、文化赋能等多个方面。

确保卓越品质

质量基础：确保农产品的质量和安全，这是品牌建设的根基。

品质控制：建立质量管理体系，从生产到销售各环节都要确保品质。

明确的市场定位

目标市场：明确目标消费群体，了解他们的需求和偏好。

品牌定位：根据目标市场和消费者需求，确定品牌的市场定位。

建立品牌形象

品牌故事：构建有吸引力的品牌故事，传达品牌的价值和理念。

视觉识别：设计独特的品牌标识（LOGO）、包装和宣传材料，提高品牌的辨识度。

营销策略

市场推广：通过线上线下（包括社交媒体、电子商务、展会等）推广品牌。

品牌合作：与其他品牌或机构合作，通过联名产品、共同营销等方式提升品牌知名度。

文化赋能

文化内涵：与当地的文化、历史、传统等元素结合，增加品牌的文化价值。

文创活动：开展与品牌相关的文化创新活动，提升品牌的文化内涵。

品牌保护

知识产权：注册商标，申请专利，保护品牌的知识产权。

打击假冒：建立有效的品牌保护机制，打击假冒伪劣产品，维护品牌形象。

持续创新

产品创新：不断研发新产品，满足市场变化和消费者需求。提供优质的服务，建立长期的顾客关系。

营销创新：尝试新的营销手段和渠道，如直播销售、短视频营销等。建立反馈机制，及时响应顾客的意见和建议。

社会责任

可持续发展：注重环保和可持续发展，提升品牌形象。

社区参与：积极参与社区活动，与当地社区建立良好关系，提升品牌的社会责任形象。

三 申请使用农产品区域公用品牌

申请使用农产品区域公用品牌通常需要满足一定的条件，并通过规定的程序进行。以下是一般步骤和要求，具体可能会根据不同地区有所差异：

满足基本条件

合法注册：申请主体需在中国境内依法注册，具有独立法人资格。

商标注册：持有合法有效的商标注册，且连续使用一定年限（如3年以上）。

地理标志：已获得地理标志相关认定/登记，或全国名特优新农产品登录。

省级目录：已纳入省级农业品牌目录或省级农业品牌重点培育范围。

授权管理：已实施农业品牌授权管理，品牌授权使用主体经营状况和信用记录良好，无违法违规记录。

品牌发展优势

清晰的品牌定位：具有明显的区域资源优势、历史人文特征和产业特色。

产业规模：具有一定的产业规模，优质农产品生产基地占比较高，具有较强的发展优势和市场潜力。

品牌发展力

政策扶持：建立有效的激励机制，为品牌高质量发展提供政策保障。

品牌管理：具有品牌管理机构和运营团队，制定严格的授权管理制度。

品牌竞争力

品种优良：具有自主知识产权，品质突出，实施标准化生产。

质量管理：加强品质保障，通过相关认证（如绿色食品、有机农产品、GAP等）。

科技创新：具有关键核心技术和独特生产加工工艺。

品牌影响力

知名度和美誉度：品牌具有较好的知名度、美誉度和消费忠诚度。

传播能力：具有品牌传播识别体系，具有较强的品牌传播能力和渠道运营能力。

申请程序

提交申请：向相关组织提交书面申请，通常需要提供详细的申请材料，包括但不限于法人资格证明、商标注册证、产品质量认证、生产经营记录等。

审核授权：由授权机构审核申请，可能包括现场考察、产品质量检测等。

签订协议：通过审核后，与授权机构签订授权使用协议，并报相关部门备案。

品牌带动力

产业发展：品牌对产业发展具有较强带动力，促进产业提质增效和农民增收。

使用品牌

按照授权协议和相关规定使用区域公用品牌。

请注意，具体的申请条件和程序可能会根据地区和品牌的具体要求有所不同。建议在申请前详细咨询当地的农业农村部门或品牌管理机构，获取最新的信息和指导。

四　农产品包装技巧

农产品包装不仅要保护产品，还要吸引消费者，传递品牌价值，并体现产品的质量和特色。

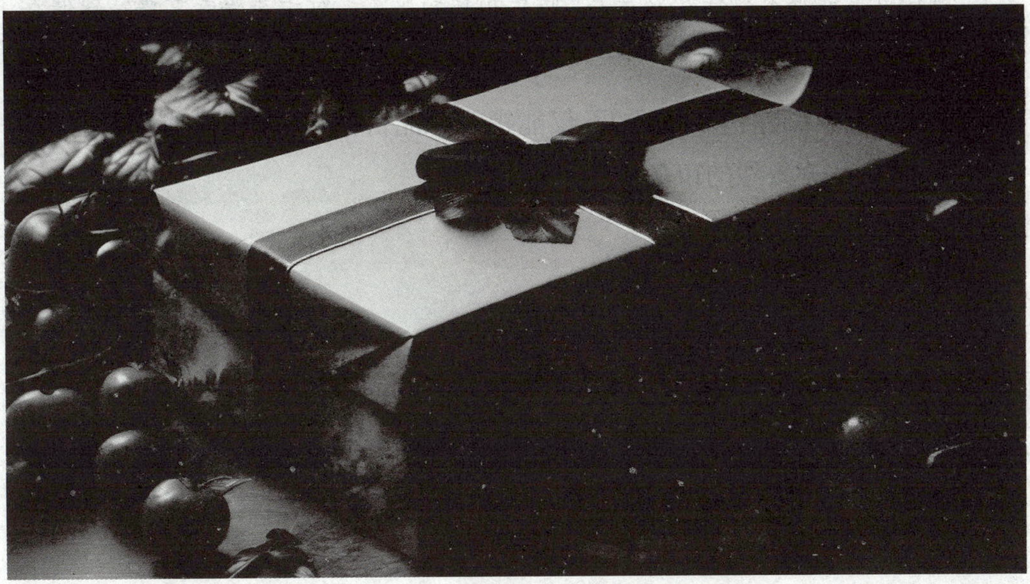

突出品牌形象

利用品牌吉祥物或LOGO中的设计元素，增强品牌识别度。保持包装设计的一致性，使消费者一眼就能识别出品牌。

增强仪式感

设计具有礼品性的包装，如使用高质量的材料或特殊的开箱体验，增加消费者的仪式感。通过包装设计传达产品的专属感和高端感。

强调产地特色

利用产地的地理标志或文化元素，如地域特色图案和颜色，让产品具有鲜明的地域特征。通过包装讲述产地的故事，增加产品的文化价值和吸引力。

环保材料

使用可回收或生物降解的包装材料，体现环保理念，符合现代消费者的环保需求。通过包装传达产品的自然和健康属性。

清晰的信息传达

在包装上清晰地标注产品信息，如成分、产地、保质期、食用方法等。使用简洁明了的语言和布局，方便消费者快速获取信息。

视觉吸引力

使用鲜明的色彩和吸引人的视觉元素，如高质量的图片和插图。

考虑包装在货架上的展示效果，确保能够在众多产品中脱颖而出。

保护产品

确保包装能够有效保护农产品，防止损坏和变质。对于易碎或需要特殊储存条件的产品，采用适当的缓冲和保鲜材料。

通过以上农产品包装技巧，不仅能提升产品价值，还能增强消费者的购买欲望，从而在竞争激烈的市场中脱颖而出。

第七章

可持续发展

口袋电子书
热点广播台
案例精选库
创业实训营

“码上”查看

第一节　农村创业可持续发展

一　农村创业可持续发展的因素

农村创业可持续发展受多种因素的影响，主要包括以下几个方面：

影响因素

- 政策支持：政府的政策导向、扶持措施、税收优惠、财政补贴等对农村创业具有重要影响。政策的稳定性和连续性能够为农村创业提供良好的外部环境。
- 资金投入：农村创业往往面临资金短缺的问题。资金的可获得性和成本直接影响创业项目的启动和运营。
- 技术应用：现代农业技术的应用能够提高农业生产效率和产品质量，是农村创业可持续发展的关键因素之一。
- 市场环境：市场需求、价格波动、竞争状况等市场因素对农村创业的成功与否有着直接的影响。
- 人力资源：农村创业需要具备一定的技术和管理人才，人力资源的质量和可用性对创业的长期发展至关重要。
- 基础设施：交通、通信、仓储物流等基础设施的完善程度对农村创业的运营效率和成本控制有重要影响。
- 生态环境：农业生产依赖于自然资源和良好的生态环境，生态环境的保护和可持续利用是农村创业可持续发展的基础。
- 文化和社会因素：当地的文化传统、社会习俗、价值观念等也会影响农村创业的接受度和推广速度。
- 创新能力：农村创业的创新能力，包括技术创新、管理创新和市场创新，是推动创业项目持续发展的重要动力。
- 风险管理：农村创业面临自然灾害、市场风险、政策风险等多种风险，有效的风险管理和应对机制是确保创业项目稳定发展的关键。
- 合作与联盟：与其他企业、研究机构、政府部门等建立合作关系，可以为农村创业提供更多的资源和支持。
- 法律环境：法律的完善和执行力度对保护农村创业者的合法权益、规范市场秩序具有重要作用。

二 持续提升推动农产品品牌影响力

持续提升推动农产品品牌影响力需要综合运用多种策略和手段，以下是一些有效的方法：

策略手段

- 提升产品质量：坚持质量第一，确保农产品的安全、优质、绿色，满足消费者对高品质农产品的需求。
- 标准化生产：建立和完善农产品生产、加工、流通的标准体系，提高产品的一致性和可靠性。
- 品牌定位和文化塑造：明确品牌定位，挖掘和传承农产品背后的文化故事，增强品牌的文化内涵和独特性。
- 加强品牌宣传：利用多种媒体渠道，包括传统媒体和新媒体，进行品牌宣传和推广，提高品牌知名度。
- 创新营销策略：结合线上线下销售渠道，运用电子商务、直播带货等新型营销方式，扩大市场覆盖。
- 建立追溯体系：建立完善的农产品质量安全追溯体系，增强消费者对品牌的信任。
- 参与国际认证：获取国际认证，如有机认证、地理标志产品认证等，提升品牌的国际竞争力。
- 加强品牌保护：通过商标注册、专利申请等手段，加强品牌知识产权保护，打击假冒伪劣行为。
- 培育品牌人才：加强品牌管理和营销人才的培养，提升团队的专业能力和创新能力。
- 政策支持和激励：争取政府的政策支持和激励措施，如财政补贴、税收优惠等，为品牌建设提供资金保障。
- 合作与联盟：与其他品牌、机构建立合作关系，共同推广农产品品牌，提升整体影响力。
- 为消费者服务：为消费者提供优质的服务，包括售前咨询、售后服务等，建立良好的客户关系。

通过上述措施的综合运用，可以有效提升农产品品牌的市场影响力，增强品牌的竞争力，从而推动农业产业的可持续发展。

第二节 创建农村企业文化体系

创建农村企业文化体系是一项重要的工作，它有助于提升农村企业的整体形象，增强企业的凝聚力和竞争力，同时也能够促进农村经济的全面发展。

核心价值理念

使命宣言：明确农村企业的社会责任，如促进当地经济发展、改善农民生活水平等。

愿景目标：设定农村企业的长远发展目标，比如成为地区领先的农业科技企业。

核心价值观：强调诚信、创新、合作、共赢等价值观念，作为农村企业所有决策和行为的基础。

组织文化建设

领导风格：组建民主开放的领导团队，以身作则，引领农村企业文化发展。

员工行为准则：制定行为规范，如诚实守信、勤奋工作、团队协作等。

沟通机制：建立有效的内部沟通渠道，鼓励员工提出建议和反馈，促进信息的透明流通。

人力资源管理

招聘与培训：选拔具有农村情怀和专业技能的人才，提供职业培训和发展机会。

激励与奖励：实施绩效评估体系，为优秀员工提供物质和精神上的奖励。

福利待遇：提供具有竞争力的薪酬福利，增强员工的归属感。

社会责任实践

社区参与：参与社区建设，如支持农村教育、改善基础设施、提供公益服务等。

环境保护：推广绿色生产，注重资源节约和环境保护，实现可持续发展。

合作伙伴关系：与合作伙伴建立稳定的合作关系，共同促进地区经济发展。

品牌形象塑造

品牌故事：构建独特的品牌故事，传递农村企业的历史文化和核心价值。

市场营销：通过各种营销活动和渠道，提升品牌知名度和美誉度。

客户关系：提供优质的产品和服务，赢得客户的信任和忠诚。

创新与学习

技术创新：鼓励技术研发和创新，提升产品和服务的科技含量。

管理创新：不断优化管理流程和方法，提高农村企业的运营效率。

学习文化：营造积极的学习氛围，鼓励员工不断学习和自我提升。

第三节 生态循环农业技术

生态循环农业技术是一种综合应用生物学、生态学、环境科学及工程技术等学科原理和方法，促进农业生产的可持续性，提高资源利用效率并减少环境污染的现代农业模式。其核心在于模拟和利用自然生态系统的循环机制，实现农业内部各环节之间的物质循环和能量流动。

一 减量化技术

农业生态减量化技术是指在农业生产过程中采取的一系列措施和技术，减少化肥、农药等投入品的使用，提高农业生产可持续性，减少对环境的影响。

测土配方施肥技术

基于土壤测试和肥料田间试验，结合作物需肥规律、土壤供肥特性和肥料效应，旨在实现精准施肥，提高肥料利用率，减少资源浪费，同时保护环境并促进农作物增产提质。

有机肥资源还田

推进绿色种养循环农业试点，鼓励农民增施有机肥，推动有机无机结合，提高有机肥资源还田量，从而减少化肥用量，增加土壤有机质含量，改善土壤结构和生态环境。

化肥多元替代

通过统筹利用有机肥资源，如畜禽粪便、农作物秸秆等，替代部分化肥，减少化肥的依赖，同时提高农业生产的循环性和可持续性。

病虫害绿色防控

优化综合防治技术措施，提高生物农药、理化诱控产品使用量，增加天敌昆虫的利用，减少化学农药的使用，提高主要农作物病虫害绿色防控覆盖率。

专业化防治服务

培育专业化防治服务组织和新型农业经营主体，通过专业化的防治技术和服务，提高病虫害防治效率，减少农药的使用量和频率。

统防统治

在粮食作物主产区，推广统防统治模式，通过统一的防治措施和时间，提高防治效率，减少农药的使用，同时减少农业生产成本。

农药使用监测评估

建立农药使用监测评估体系，科学评价化肥减量化和农药减量化的成效，为进一步优化减量化策略提供依据。

安全用药推广普及

提高农民对科学施肥和安全使用农药的认识，促进科学施肥和合理用药，减少化肥和农药的过量使用。

二 再利用技术

农业生态再利用技术是指将农业生产过程中产生的废弃物或副产品通过一系列技术手段转化为可再次利用的资源，以实现资源的高效利用和环境的可持续发展。

畜禽粪便资源化利用

畜禽粪便是农业生产中产生的一种重要有机废弃物。通过堆肥化、厌氧发酵等技术，可以将畜禽粪便转化为有机肥料、生物能源（如沼气）等有价值的产品。这些技术有助于减少化肥的使用，提高土壤肥力，同时减少环境污染。

农作物秸秆综合利用

农作物秸秆是农业生产中产生的主要废弃物。通过直接还田、制作饲料、生产生物燃料等多种途径，秸秆可以得到有效利用。这些方法有助于减少焚烧秸秆带来的环境污染问题，同时提供了多样化的能源和饲料来源。

农业废弃物的能源化利用

除传统的肥料化和饲料化利用外，农业废弃物还可以通过热解、气化、液化等技术转化为固体燃料、气体燃料或液体燃料，实现能源化利用。这些技术有助于减少对化石能源的依赖，降低温室气体排放。

农业塑料废弃物的回收与再利用

农业塑料废弃物，如地膜、育苗盘等，通过分类筛选、清洗、破碎、熔炼塑化等工艺流程，可以进行再生造粒，生产新的塑料制品。这种技术有助于减少塑料废弃物对环境的污染，实现塑料资源的循环利用。

农业水资源的循环利用

农业水资源的循环利用技术包括灌溉水的回收再利用、雨水收集与利用等。通过这些技术，可以提高农业用水效率，减少水资源的浪费，同时减轻对地下水的过度开采。

农业生态系统服务的权衡与补偿

对农业生态环境保护和资源化利用的经济效益进行评估，并根据评估结果对相关利益方进行补偿。这有助于激励农民和企业参与到农业生态再利用的实践中，推动农业可持续发展。

通过上述技术的实施和推广，农业生态再利用技术不仅能够有效地解决农业废弃物的处理问题，还能提高农业生产的经济效益和生态效益，推动农业向更加可持续的方向发展。同时，这些技术也有助于实现农业生产方式的绿色转型，符合国家关于农业绿色发展和生态文明建设的政策要求。

三 再循环技术

农业生态再循环技术是指在农业生产过程中，通过一系列技术和方法，实现资源的循环利用和废弃物的有效管理，以促进农业的可持续发展和生态环境的保护。

种养循环技术

将种植业和养殖业紧密结合的一种生态循环农业模式。养殖业产生的废弃物（如畜禽粪便）经过处理后用于土壤和作物的肥料，而种植业的副产品（如秸秆）可作为养殖业的饲料或能源。这种循环利用提高了资源的利用效率，可降低生产成本，推动农业绿色低碳发展。

农业废弃物资源化利用

农业废弃物资源化利用技术涉及将农作物秸秆、畜禽粪污等农业废弃物通过物理、化学或生物方法转化为有价值的资源，如有机肥料、生物能源等。这种转化过程不仅减少了环境污染，还提高了农业资源的循环利用率，实现了废弃物的“变废为宝”。

稻田甲烷减排技术

稻田甲烷减排技术旨在减少水稻种植过程中产生的温室气体排放。该技术模式主要采用高产低碳品种、旱耕湿整、控水栽培、施用减排肥料等措施，在保障水稻丰产稳产的同时，抑制稻田甲烷的产生，降低甲烷排放。

生态农业技术体系

生态农业技术体系是中国农业绿色发展的重要方向，它建立了具有生态合理性、功能良性循环的农业体系。这包括多维用地技术、物质能量多级利用及有机废弃物转化再生技术、有害生物综合防治技术以及生物能及再生资源的开发利用技术等。

通过实施这些农业生态再循环技术，可以有效提高农业生产的可持续性，减少对环境的负面影响，同时促进农业经济效益的提升。这些技术不仅有助于实现农业生产的绿色转型，还可为乡村振兴战略和生态文明建设提供重要支撑。

参考文献

[1]刘畅.乡村振兴背景下农民工返乡创业研究[M].北京:中国农业出版社,2020.

[2]曹晾.农业创业你问我答[M].北京:中国科学技术出版社,2018.

[3]刘汉成,夏亚华.乡村振兴战略的理论与实践[M].北京:中国经济出版社,2019.

[4]刘云海.新型职业农民创业实务教程[M].北京:中国农业出版社,2015.